■■ 内定獲得のメソッド

面接担当者の
質問の意図

マイナビ

はじめに

皆さん、こんにちは。就職アドバイザーの才木弓加です。

この本を手に取ってくれた方は、これから就職活動を頑張ろうと、決意とやる気に満ち溢れているものと思います。

就職活動を始めるにあたり、まず「なぜ就職活動をするか」を考えてみてください。自分を成長させたい、自立したい、世の中に貢献したいなど、その理由は人それぞれだと思います。理由は何であれ、就職活動は、あなた自身が社会で働くために行うものです。そのためには、あなたが入りたいと思う企業に、あなたを認めてもらわなくてはなりません。

しかし、私が就職アドバイザーとして、15年以上にわたり、多くの就活生を指導してきて感じることは、面接で自分の特徴や良さを伝え切れていない学生が、本当に多いということ！ 企業の採用担当者は、面接であなたの経験や考え方などを具体的に聞くことで、あなたがどのような人間であるかがイメージできるのです。しかし、多くの学生は自分には特別な経験がない、インパクトのあることが何もないと思ってしまっているようです。就職活動では、人と比べてどれだけ特別な経験をしているかを見られているわけではありません。むしろ、特別な経験をしている人の方が少ないでしょう。ありきたりの経験でも、必ずその人なりの、取り組んだ理由や考えがあるはず。それを、採用担当者は具体的に聞きたいと思っているのです。

面接とは"聞かれたことを答える場"だと思っている人が多いようですが、それは違います。面接とは、質問事項を通じて"自分にはどのような特徴や良さがあるか"を伝えること。これがきっちり理解できていれば、必ず面接担当者にあなたを理解してもらうことができるはずです。

このことをしっかり頭において就活を行ってください。皆さんの就活を心から応援しています。

才木弓加

内定獲得のメソッド

面接担当者の
質問の意図

目 次

CHAPTER 3

志望動機・企業に関する質問の意図と回答例 …………………… 73

CHAPTER 4

ニュース・時事問題について問う質問の意図と回答例……… 103

CHAPTER 1

第 1 章

面接の基本と自己分析

第1章では、まず「面接とは何か」について解説します。
そもそも面接とは何のために行われるのか。面接の心得や、準備しておくこととは。
面接突破のカギとなる「自己分析」について。
どれも、これから面接を受ける就活生には必要な情報ばかりなので、
よく読んで、しっかり理解してください！

CHAPTER 1

なぜ面接は行われるの？

企業側が学生を理解する場

就職活動では、エントリーシートを提出した後、多くの企業で「面接」が行われます。でも、面接とは一体何なのでしょうか？　まず、就活で面接が行われる意味について考えてみましょう。

面接とは、企業側が学生と直接話をして、

この学生はどんな特徴を持った人間か

この学生は入社したらどんな活躍を見せてくれるか

を確認する場です。

つまり、ただ質疑応答しているだけではなく、面接を通して、書類選考や筆記試験だけでは分からないあなたの「人柄」や「性格」を見ようとしているのです。

そこで、学生であるあなたに大切なことは、自分がどんな特徴や良さを持った人間であるかを伝えること。ただ質問に答えるだけではなく、話し方、表情、声の大きさやトーンによって、自分がどんな人間であるかを伝えることが大切です。

中でも、「どんな内容の回答をするか」は最も重要です。例えば、自己PRで、「私はリーダーシップのある人間です」と何の裏付けもなく言い張っ

ても、相手には伝わりません。「私は学生時代、テニスサークルで代表を務めていました。全学年合わせてメンバーが100人いるサークルで、意見をまとめるのが大変でした。しかし、定期的に話し合いの場を設けて、一人ひとりの意見をしっかりと聞くことで、最終的にはみんなをまとめ、試合でも好成績を残すことができました」と、具体的な事例と併せて話すと、説得力があり、面接担当者も「この人は本当にリーダーシップがある人なんだな」と納得するのです。

このように、具体的な事例を基に自分の特徴や良さを伝えるためには、自分自身の人柄や性格を洗い出す自己分析が必要になります。この自己分析については、後ほど詳しく説明します。

面接は聞かれたことを答える場ではない

次に、面接を受ける際に心得ておかなければならない、大切なポイントをお話しします。それは、「面接は、聞かれたことを答える場ではない」ということです。

先ほどもお話ししたように、面接は、面接担当者に「自分がどんな人間であるか」を伝える場。ですから、聞かれた質問にただ単純に答えるだけでなく、「私は○○な人間です」ということが伝わるように、答えていかなければいけません。

例えば、「趣味は何ですか？」と聞かれた場合。

【例1】「はい。私の趣味は読書です」

「面接ではただ質問に答えればいい」と思っている学生は、こう回答します。でも、これでは、学生自身がどんな特徴や良さを持っているかが全く伝わりません。

【例2】「はい。私の趣味は読書です。読書は、私にさまざまな出来事を疑似体験させてくれます。それによって、自分自身のことをいろいろな方向から見られるので、将来のことを考える良いきっかけとなっています」

このように、趣味を通して自分自身についても言及した内容であれば、質問に回答するとともに「私は〇〇な人間です」ということを伝えられるのです。

これは、面接でのすべての質問に共通して言えることです。どんな質問でも、ただその質問に答えるだけではなく、回答を通して、自分の良さや特徴をどんどん伝えていくこと！ 「面接は聞かれたことを答える場ではない」というのは、こういった意味なのです。面接で一番大事なポイントになるので、よく覚えておいてください。

▌面接の出口はたった一つ

そしてもう1点、面接の心得として私が就活生に言いたいのは、「面接とは、入口はたくさんあるけど、出口はたった一つ」ということです。

入口とは面接担当者からの質問のこと。質問には、「学生時代に打ち込んだことは？」や「この業界を志望する理由は？」などの、オーソドックスなものから、「おすすめの本を教えてください」や「あなたを動物に例えると何ですか？」など、変化球的な質問まで、その種類は何千通りもあると考えられます。

しかし、出口、すなわち回答するべきことはたった一つ。先ほどから何度も言っているように、「自分がどんな人間であるかを伝える」ということです。何千通りの質問の意図を理解しておくことは必要ですが、答えるときには、

すべてに自分の良さや特徴を盛り込んで伝えていく。それこそが、面接では必要なことなのです。

そして、唯一の出口である「私は○○な人間です」を伝えていくためには、自分自身のことを知っておく必要があります。繰り返しますが、そのために「自己分析」を行うのです。自己分析で分かった自分の本質やアピールポイントこそが、面接での質問に答える際の軸になるのです。つまり、自己分析がしっかりできていないと、面接には本当の意味で対応できなくなるということです。

企業によって自己ＰＲを変える必要はない

面接を受ける際に、"企業が求める人物像"に自分を合わせようとする学生は少なくありません。しかし、これは大きな間違いです。

企業のパンフレットやウェブサイトに載っている"企業が求める人物像"に合わせる方が内定をもらいやすい、と考える学生は多いようです。しかし、本来の自分のアピールポイントと違う部分を"企業が求める人物像"に合わせて無理やりアピールしても、その場しのぎの回答になり、すぐにボロが出てしまいます。面接担当者に、本当のあなたを理解してもらうことができなければ、内定獲得も難しいでしょう。

企業は、さまざまなタイプの人が集まって構成されている組織です。必ずしも"企業が求める人物像"に一致しなければ内定がもらえない、というわけではありません。

企業側も、本当のあなたを知り、一緒に働くイメージを描けるかを判断するために面接を行うので、「自分がどんな人間であるか」を具体的に話し、そこから、「どうしてその企業を志望したのか」「どのように働きたいのか」を説明することが大切なのです。

企業が求める人物像に合わせるのではなく、等身大の自分を伝えることこ

そが内定への近道なのです。

面接にはさまざまな種類がある

個人面接と集団面接

学生 1 人に対して面接担当者が 1 ～ 3 人で行われるのが個人面接です。二次、三次、最終面接と、選考が進むにつれて、個人面接になるというケースが多いようです。

反対に、一次面接などで多いのが集団面接。一般的に、学生 3 ～ 5 人に対し面接担当者が 2 ～ 3 人で行われます。

「集団面接だと、ほかの学生の意見に惑わされてしまう」という学生は少なくありません。例えば、自分の考えていた意見と同じような内容をほかの学生に先に言われてしまって、戸惑ってしまう、なんてこともあるようです。しかし、他人のことは気にせずに、自分の意見を堂々と話すことが大切です。無理にほかの意見を言おうとすると、結局その場しのぎの答えになってしまい、面接担当者に突っ込まれたときにその先が答えられない……という状況にもなりかねません。

また、集団面接で注意が必要なのは、周りの意見もしっかり聞くこと。他人の意見も聞ける人かどうかも見られています。

グループディスカッション

近年、選考方法として増えているのがグループディスカッションです。学生を 5 ～ 8 人程度のグループにし、テーマに沿って討論をさせるものです。

企業が選考でグループディスカッションを行う理由は、グループの中でどのような発言をするか、どんな役割を果たすか、どれだけのコミュニケーション能力を発揮できるかを確認するためです。

グループディスカッションにはいくつかの方式がありますが、代表的なも

のとしては次の3つの方式があります。

①自由討論方式

②インバスケット方式

③ケーススタディ方式

それぞれの方式にどのような違いがあるのかなど、詳しくは後ほど説明します。(P.146、150、154 参照)

面接の評価ポイント

面接における評価ポイントには、次の6つが考えられます。

①第一印象が良いかどうか

面接は実際に会って行われるものですから、第一印象はとても大切です。態度、姿勢、表情、視線などから判断されます。下を向きっぱなし、落ち着かないなど、相手に不安を与えることのないようにしましょう。

②コミュニケーション能力があるかどうか

コミュニケーションは特別なものではありません。初めて会った時のあいさつや会話の中でのYES・NOの反応、面接担当者とのやりとりなど、日常生活で経験していることができればOK です。

③自分自身の特徴・良さを伝えられているかどうか

就活では、自分の「特徴や良さ」を相手にしっかり伝えなければいけません。しかし、「特徴や良さ」は自己分析をして、自分自身のことをしっかり把握しないと、人に伝えるのは困難です。早い段階で自己分析を始めて、あ

なた自身の「特徴や良さ」をしっかり伝えられるように準備しましょう。

④その企業で働くイメージがわくかどうか

　面接担当者は、自己ＰＲを通して、あなたの考え方や性格を知ろうとしています。そして、志望動機から、どのようなことをしたいのか、どのような力が発揮できるのかを知りたいと考えています。それらを通して「企業で働いているイメージがわくかどうか」を判断しています。

⑤熱意・意欲

「絶対この企業で働きたい」という熱意と意欲は、入社後に活躍するためのエネルギーとなるので、重要なポイントです。熱意と意欲をしっかり伝えられる志望動機を用意するには、企業研究が欠かせません。面接担当者に「この学生は、本当に当社で働きたいと思っているのか」と思われないように、しっかり準備しましょう。

⑥論理的思考

　面接で問われる論理的思考とは、筋道の通った思考を基にした文章や話ができているかどうかということです。面接での話がきちんとした前提に基づいていて、結論づけられているか、主張する点についてきちんと理由が述べられているか、といったことです。そのような〝論理的思考〟を面接では見られています。

▌自己分析とは

　面接で「自分がどんな人間であるか」を知ってもらうためには、自己分析が必要不可欠とお話ししました。

　自分自身のことを人に伝えるためには、まず自分自身について理解しなけ

ればなりません。つまり自己分析が必要なのです。

　多くの面接では、あなたと面接担当者は初対面です。さらに、面接には時間の制限もあります。限られた時間内で初対面の人に自分の特徴や良さをしっかり伝えるためには、事前の準備が不可欠です。

　また、答えに一貫性がない人は、面接担当者に自分がどんな人間であるかを理解してもらえず、次の選考に進めないことがほとんどです。答えに一貫性がないのは、しっかり自己分析ができていない証拠です。しっかり自分のことを把握していれば、答えがブレることもなくなります。

自己分析は学生時代に打ち込んだことを振り返る

　事前の準備となる自己分析は、「自分の過去を洗いざらい振り返り、今まで気づかなかった新たな自分を発見するために行う」という気持ちで実行しましょう。

　自己分析を行う際は、中学・高校・大学時代に打ち込んだことを中心に振り返るといいでしょう。

　なぜかというと、学生時代に一生懸命打ち込んだことにより、さまざまな感情を経験しているからです。達成した時の"喜び"や結果が出なかった時の"悔しさ"、仲間と分かち合った"感動"など、多くの感情が含まれているのです。

　しかし、ただ振り返るだけではなく、それらの感情に対して、「なぜそう感じたのか」「その時、自分はどんな行動を起こしたのか」を考えることが大切です。その理由や行動から共通点を見つけ出すと、「自分の特徴」や「考え方」、「自分の良さ」「どのようなことに興味があるのか」などが見えてくるはずです。

　では、実際に、学生が行った自己分析の流れを見てみましょう。

①中学・高校・大学時代に打ち込んだことを挙げる

【中学】	テニス部。ピンチヒッターとして大会出場が決まり、短期間で集中特訓し、準優勝を収めた。
【高校】	学業。毎日部活を遅くまでやっていたが、30分だけでも予習復習を欠かさず、授業に臨んだ。
【大学】	テニス部。レポートなどで活動時間が削られたが、計画を立てて限られた練習時間を有効活用した。

②打ち込んだことの共通点を見つけ出す

【共通点】　限られた時間の中で成果を出せる。

③共通点から自分の特性をまとめる

「私は物事に取り組む際、限られた時間の中で集中し、成果を出していくことができます」

簡単にまとめると、以上のような流れで自己分析を行います。

また、自己分析をするときは、「私はこういう人間だ」、「私には特別な経験はない」などといった思い込みは、すべて捨てましょう。思い込みに縛られてしまい、本来の自分を知ることが難しくなってしまいます。自己分析で過去を振り返るときは、素直に、ありのままの自分を思い出し、書き出していくことが大切です。

▌辛い過去にも目を向ける

　自己分析を行うときには、過去の自分と向き合うことになります。その際、最も大切なことは"辛かった過去とも向き合う"ということです。

「打ち込んだ理由」を聞くと、ほとんどの学生は「好きだから」「楽しかったから」と答えます。間違いではありませんが、それはあくまで表面上の理由であり、自分を深く理解したとは言えません。

　そこで重要になってくるのが"辛かった過去"です。苦しいときや失敗し

たとき、思い通りにいかなかったとき、自分はどうやってその壁を乗り越えたのかを考えること。苦悩したことの中には、自分自身の本来の長所や短所、特徴が隠れているのです。

　自己分析で過去と向き合うことは、できれば思い出したくないような辛かったことを思い出さなければならない作業なので、決して簡単なことではありません。しかし、その中にこそあなた自身の本来の特徴や良さが隠れているはずなのです。

▌特別な経験をしている人が ▌内定するわけじゃない

　学生に多い悩みの一つが、「特別な経験がないから、アピールできるものがない」というもの。しかし、すごいことを成し遂げたり、特別な経験があったりするからといって、それが内定につながるわけではありません。

　内定する人は、面接担当者に自分自身を理解してもらうことができ、さらにその企業で働くイメージを持ってもらうことができた人なのです。

　つまり、アルバイトやサークルなど、ありきたりだと思いがちな経験でも、打ち込んできたことであれば、それを堂々と話すべきなのです。

　たとえ、特別な経験をしていても、その時の様子を日記のように話すだけでは、面接担当者に自分を理解してもらうことはできません。逆に、アルバイトやサークルなどの活動も、自分がどのように考え、行動し、何を得られたかなど、自分の特徴や良さを伝えられる内容であれば、良い結果につながるのです。

　ただし、心から打ち込んだと言える経験でなければいけません。親に言われてやっていたことや、なんとなく長く続けたことでは意味がないのです。打ち込んだ期間が長くなかったとしても、自分の意志で始め、やり遂げたことであれば、必ず自分の特徴や良さを伝える術になるはずです。

オンライン面接

オンライン面接とは、オンライン上で行われる面接のことです。通常、Zoom、Whereby、Skype、その他の WEB 会議アプリケーションや WEB 面接アプリケーション等を使って実施されます。2020 年 2 月以降、新型コロナウイルスの影響でオンライン面接を導入する企業が急激に増えているのでオンライン面接を理解しておくことが必要です。

オンライン面接は画面越しの対話になるので、学生と面接担当者、双方が受け取る情報量が対面面接よりも少なくなる傾向があります。結果、表情や声の抑揚などが伝わりにくく、面接担当者にとっては応募者の個性や人柄が把握しにくいデメリットがあります。そのため質問内容は、対面面接よりも深くなります。頻出質問の「志望動機」「学生時代に力を入れたこと」「自己PR」以外 にも「学業」についての質問が増えるなど、あなたの個性を把握するための幅広い質問をされることが増えています。

また、オンライン面接は対面面接と違い、伝わる情報が限られることがあります。そのため面接担当者は、あなたのことをよく知るために、いくつもの質問をしたり、ひとつの質問に対して深掘りをしたりする傾向があります。いくつもの質問や深掘りをされた際、自分で自分のことが理解できていないと、回答に矛盾が生じます。質問に対して思いつきで答えていると一貫性のない回答になり、面接担当者は、あなたがどのような人間なのか、どんな良さや特徴があるのかわからなくなります。どんな質問をされてもブレない回答ができるように、自己分析を徹底的に深めておくことが大切です。

CHAPTER 2

第2章

自己PR・学生自身に関する
質問の意図と回答例

面接の基本を理解したら、この章以降は実際の面接で質問されることが
多い具体的な例をご紹介しましょう。面接ではさまざまな質問をされますが、
どの質問にも面接担当者の"意図"が隠されています。その意図を読み取り、
的確に答えることが面接突破の近道です。模範回答例と合わせて徹底解説しましょう。

Q01 自己PR をしてください。

面接担当者の質問の意図

**「どのような人間であるか」「どのような特性を持った
人間であるか」を知りたい。**

- 「特徴や良さ」を知りたい。
- 「物事をどのように考え、どのような姿勢で取り組むのか」を聞きたい。
- 「自分の特徴や良さ」を、サークルやアルバイト、部活など、自分の経験に「どのように生かしているのか」を知りたい。
- 「自分自身のアピールポイントを理解しているかどうか」を把握したい。
- 「どのようなことに興味を持っているのか」を聞きたい。

あなたが伝えるべきこと

**「あなたがどのような人間であるか」を、
具体的な経験などのエピソードを交えて話す。**

- 自分自身の「特徴や良さ」を明確に伝える。
- 特別な経験を話すのではなく、自分の「特徴や良さ」が伝えやすい、等身大のエピソードを話す。
- 物事に取り組むときの「考え方」「姿勢」「行動」をエピソードに入れる。
- 考え方や行動の「根拠」や「理由」も明確に話す。
- 出来事を並べただけの日記調の内容にならないように注意。

OK 回答例 ①

　私は継続力のある人間です。小学生のころから 15 年間スキーを続けています。中学時代に全国大会を目指し、毎日トレーニングに時間を費やしました。なかなか結果が出ないときにも、自分の改善点を見つけ練習を続けた結果、全国大会に出場し、3 位という成果を収めました。また、大学時代には「テクニカル」という難易度の高いスキーの資格を取得しました。この資格を取得できたのも、今までスキーを継続してきたからこそだと思います。何事も途中で諦めず継続することで、目標を達成できると感じています。

具体的なエピソードを交えながら、「継続力がある」ことを伝えられています。特に、中学生のころと現在について、それぞれで具体的なエピソードを話している部分が良いでしょう。長期間一つのことに打ち込める「継続力がある」というアピールポイントの裏付けもできています。

OK 回答例 ②

　私は、目標に向かって努力し成長することができます。所属する法学部では、"法律を身につける" ことを目標に、弁護士を目指す友人と一緒に勉強しています。図書館で法律の本を読んだり、裁判所に傍聴に行って得た知識を友人と交換したりして、多くの知識を蓄えています。ゼミも、真剣に法律を学ぶため、ロースクール進学を目指す人が多い厳しいゼミを希望し、現在奮闘中です。優秀な人と切磋琢磨することが自分の成長につながると確信しているので、できるだけそういった環境に身を置くように心掛けています。

「どのような行動をして、どのような成果を上げたか」を、しっかり話せています。このように具体的に考え方や行動を話すことで、自分のアピールポイントをより明確にできます。最後に、自分の考え方や行動から、さらに学んだことを取り入れているのもいいでしょう。

類似の質問

・あなたの強みは何ですか？
・あなたの特徴は何ですか？
・あなたはどんな人ですか？
・自己紹介をしてください。

左記のように、さまざまな形で聞かれることが多い質問です。しかし、どんな言葉が使われていても、聞かれていることは同じ。自分自身のこと、特性をしっかり伝えましょう。「自己紹介をしてください」は判断が難しい質問ですが、「自己PR」の要素もあることを覚えておきましょう。

Q02 学生時代に打ち込んだことは何ですか？

👆面接担当者の質問の意図

**「物事に対してどのような考え方で、どのように
取り組むのか」。その熱意や意気込みを知りたい。**

- 「どのようなことにやりがいを感じるのか」を聞きたい。
- 「どのようなことに興味を持っているのか」を聞きたい。
- 「打ち込んだことから何を得ることができたのか」を知りたい。
- 「どのような人間なのか」を、より具体的に知りたい。
- 「就職したら、仕事に対して、結果を出すためにどのような取り組み方
  や努力ができるのか」を聞きたい。

👆あなたが伝えるべきこと

**「自信を持って打ち込んだと言えること」を、
そこまで打ち込むことができた理由とともに伝える。**

- 「どんなことに打ち込んだのか」、必ず具体的な経験やエピソードを交え、
  当時の心境や取り組みをストレートに話す。
- 「なぜ、それに打ち込んだのか」の理由も必ず盛り込む。
- 打ち込んだ内容や長さではなく、「どれだけ打ち込んだのか」が重要。
- 「その経験から、何を学び得たのか」も伝えられるとよい。
- 曖昧な表現や、自信を持って答えられない内容ではダメ。

OK 回答例 ❶

サークル内にラジオドラマのゼミを設立し、１年間運営したことです。アナウンス研究会に所属する私は、声での心情表現をするためにこのゼミを設立したのです。しかし、最初は参加者が８人だけで、ゼミ解散の危機に陥りました。原因は、参加者が話しを聞くだけで退屈な点でした。そこで、ゼミ生が「自分の発表を聞き手がどう感じたかをその場で知る」という内容に変更しました。その結果、40人以上の学生が参加するゼミになりました。この経験から、周囲を巻き込むためには、相手の要望を聞き入れる工夫をすることが重要であると学びました。

サークル活動に対して、「どのように取り組んだか」を具体的に話せています。この内容から、この学生が「改善点を見つけ出し、修正する能力を持っている」ということを直接伝えなくても、相手に理解させることができます。経験から得た新たな考え方を述べているのも良いです。

OK 回答例 ❷

ピザのデリバリーのアルバイトです。そのアルバイトを１年ほど続けたころ、責任のあるポジションを任されることになりました。私が間違った指示を出すと、お客様のクレームにもつながる重要な仕事でした。何事も計画的に進めてきた私は、アルバイトでも同じように考え、お客様の注文を受けてからではなく、事前にいろいろな場面を想定して計画を立てました。そうすることで、あらゆる場面に対応でき、スムーズに仕事が進められたのです。その結果、今では店舗運営も任され、さらに仕事に打ち込むことができています。

この回答では、「何事も計画的に進める」という自分のアピールポイントが直接伝えられています。エピソードとの一貫性があるので、相手により強い印象を与えることができています。また、最後の部分から、この学生が「どのようなことにやりがいを感じるか」ということが分かります。

注意点

・面接担当者は、「自己PR」や「打ち込んだこと」と「適性検査」を照らし合わせる場合があります。「自己PR」や「打ち込んだこと」の内容と、学生の本質との間で整合性が取れているかを確認したいと考えているからです。

近年、このような傾向が多く見られます。「適性検査」との一貫性を見ることで、学生が本当の自分について話しているのかを見ています。そこに食い違いがあると、面接担当者は不信感を持ちます。しかし、自己分析がしっかりできていれば、自然と一貫性は生まれるはずです。

Q03 あなたの長所は どんなところですか？

面接担当者の質問の意図

自己分析から分かった「学生の良さ」や「特性」を、具体例とともに知りたい。

- 「自分自身の長所をしっかり理解しているか」を把握したい。
- 「長所をどのように生かしていこうと考えているのか」を知りたい。
- 「その長所があったからこその成果や得たもの」を知りたい。
- 「どのような人間なのか」を具体的に知りたい。
- 「回答に一貫性があるかどうか」を確認したい。

あなたが伝えるべきこと

自己分析の結果、導き出した「自分の本当の長所」を伝えなければならない。

- 「積極的」「リーダーシップがある」などキーワードを作るだけでなく、自分の持っている人間性の中から、長所を見つけ出す。
- 「その長所が、どのように自分に影響したか」を、具体的な経験やエピソードを交えて話す。
- 「なぜ、そこが長所なのか」の理由や根拠も伝える。
- 「今後、長所をどう生かしていきたいか」まで考えておくとよい。

OK 回答例 ①

　チャレンジ精神旺盛な点です。私は幼いころから水泳を続けています。最初は泳ぐことが楽しいだけでしたが、タイムを気にするようになってから、「さらに速く泳ぎたい」という気持ちが生まれ、「大きな大会に出場したい」と思うようになりました。そして、中学時代は県大会、高校時代はインターハイに出場しました。現在の目標は全国私立大学の大会での優勝です。何かにチャレンジすると、必ず壁にぶつかり、それを乗り越えなければなりません。その経験が、自分の成長につながり、自分を高められることに喜びを感じています。

具体的なエピソードを盛り込み、最後に「チャレンジ精神旺盛」＝「自分の成長につながる」ことを表すことで、「どうしてそこが長所なのか」を話せています。また、中学・高校、大学のエピソードから「長所」を見つけ出しているのは、まさに自己分析の結果だと言えます。

OK 回答例 ②

　努力を惜しまない点です。私は自分の目標を達成するために努力を惜しみません。高校時代はバスケットボール部に所属していましたが、小柄な私は一度も試合に出ることができませんでした。しかし、身長が足りないのなら、ほかの部分で補い、力をつけたいと考え、自主トレを積極的に行いました。雨の日も風の日も毎日5km走ることを1年半続けました。このような苦しいトレーニングを続けられたのは、試合に出たいという目標があったからこそだと思います。その結果、3年生の後半には試合に出られるようになりました。

「目標を達成するために努力を惜しまない」というアピールポイントを、高校時代のエピソードが支えています。また、「その長所をどのように生かしてきたか」がしっかり伝えられているので、どのように仕事をこなしていくのかという、面接担当者のイメージもわきやすいでしょう。

NG 回答例 ①

　仲間を大切にする点です。私は、サッカーサークルに入っているのですが、試合に勝つにはチームワークが欠かせません。チーム全員が試合中にそれぞれの動きを気にかけるだけでなく、練習中やサークル活動外でもコミュニケーションを取ることが大切です。そこで、サークル仲間と飲みに行くなど、コミュニケーションを取るようにしました。その結果、チームワークが強化され、大学リーグでは優勝できました。

一見、良い回答のように見えますが、この内容では「あなたの長所」は伝わりません。あくまでサークルの中での話をしているだけで、長所を伝えているとは言えないのです。この場合は、「あなたの長所」がどのように作用し、チームワーク強化につながったのかを話す必要があります。

第2章　自己PR・学生自身に関する質問

29

Q04 あなたの弱点はどんなところだと思いますか？

👆面接担当者の質問の意図

- 「弱点も含め、**自分のことを理解しているのか**」を知りたい。
- 「弱点と、**どのように向き合っているのか**」を知りたい。
- 「弱点があることを踏まえた、**対処の仕方**」を知りたい。
- 「入社後も弱点と**向き合っていけるか**」を確かめたい。

👆あなたが伝えるべきこと

- 「弱点を素直に話したら印象が悪くなる」という考えは捨て、**素直に自分のことを話す**。
- 「弱点とどう向き合い、**対処しているか**」まで伝える。
- 無理に「克服した」「改善できた」という必要はない。

OK 回答例 ❶

　完璧を求めるあまり、チームや周りの人の仕事量を増やしてしまう点です。サークル活動では、企画の内容を充実させようとした結果、仕事量が2倍近く増えてしまいました。そこで、各人のスケジュールを全員が共有し、仕事内容を調節しました。班員同士がお互いのスケジュールを把握し仕事内容を理解していたため、仕事のやりとりも可能になりました。このように、仕事量が増えても、効率を図り、全員が仕事をしやすいようにしています。

この学生は、最初に素直に「自分の弱点」を述べ、その後で「その弱点をどうカバーしているか」を話せています。この質問では、「弱点をどうカバーするか」を話せるかどうかが重要です。そう簡単に克服できないはずなので、無理に「克服しました」と言う必要はありません。

NG 回答例 ❶

　弱点はありません。「頭が固い」と言われることがありますが、ほかの人からは「自分の意見を持っている」と評価される部分でもあるので、弱点だとは思いません。もっと良い方向に生かせるように意識していきたいです。

面接で悪い印象を与えたくないからと、ウソをつく必要はありません。誰しも、必ず「弱点」はあるはずなので、素直に答えましょう。また、長所とも取れる短所を話すのも得策とは言えません。

Q05 あなたの趣味は何ですか？

面接担当者の質問の意図

- 「どんなことが好きなのか」を知りたい。
- 「好きなことにどのような気持ちで取り組むのか」を知りたい。
- 「どのようなときにリラックスできるのか」を知りたい。
- 仕事を始めてから「休みをどう使うのか」を確認したい。

あなたが伝えるべきこと

- 「どうしてそれが趣味と言えるのか」を、理由や経験を交えて話す。
- 「趣味を通して、自分自身にどんな影響があるのか」を伝える。「ストレス発散」など、仕事内容につながらなくても OK。
- ただ、趣味について延々と説明するのは NG。

OK 回答例 ①

　小説を読むことです。特に、真山仁や山崎豊子、横山秀夫が好きです。自分が知らない専門分野について詳しく述べられていたり、リアルな心情が描かれていたりするところが面白いと思います。初めは分からない部分が多いのですが、その分野を調べたり、繰り返し読んだりすることで、理解できるようになります。また、登場人物がとても魅力的で、それぞれの立場から見た事件の内容や心情を知ることができる点も興味深いです。

一見、趣味の話をしているだけのようですが、「新たな知識や視点を得ることができる」という、趣味となった理由をしっかり述べられています。ほかにも、「しっかり休むことで作業能率が上がるので、DVD鑑賞で骨休めをします」など、理由があれば、ラフな内容でも OK。

NG 回答例 ①

　私の趣味は読書です。村上春樹や東野圭吾など、現代文学が好きです。とにかく大好きで、暇さえあれば読んでいます。最近はほとんど読み尽くしてしまったので、ほかの作家の小説も読んでみようと思っています。

ただ「好きだから」では、理由が薄すぎます。本当に好きなことなら、深い理由があるはず。そこを掘り下げておきましょう。また、見栄を張って、好きでもないことを「趣味です」というのは論外です。

Q06 あなたの特技は何ですか？

面接担当者の質問の意図

- 「特技を通して、どんな影響や成果があったのか」を知りたい。
- 取り組み方や努力の仕方を探りたい。
- 特技への取り組み方を聞くことで、「物事を行ううえで、どんな考え方や行動をするか」を知りたい。

あなたが伝えるべきこと

- 「これが特技だ」と言える理由を明確に伝える。
- 「資格」や「成果」がなくてもいい。例えば、書道が特技なら、「エントリーシートの字を見てください」という伝え方もできる。
- 特技を継続した年数は関係ない。「どれだけ打ち込んだか」が重要。

OK 回答例 ❶

　書道です。小学生のころから15年間続けています。継続することで力がつき、中学では県の書道大会に、そして高校では全国書道大会に出場しました。また、大学では、さらに技術を磨き、師範の免許を取得しました。継続することで上達し、難易度の高い師範の免許も取得することができました。書道は誰にも負けない特技となっています。また、継続することで、自分自身をさらに高められるということも学びました。

「特技」をただ語るのではなく、「特技から、どのような成果を上げられたか」を話せています。ただ、このような大きな成果がなくても、「音楽が好きで大学から始めたフルートが特技です。実力はまだまだですが、アルバイト先のバーで披露することもあります」といった内容でもOK。

NG 回答例 ❶

　秘書検定2級を持っています。大学2年の時に取得しました。資格取得のための勉強の中で、働くうえで大切な常識やマナーを学ぶことができたので、きっと仕事をするうえでも役立つと思います。

資格＝特技とは言い切れません。例のように、資格があっても、特技を発揮した具体的なエピソードが語られていないと、面接担当者には「本当の特技だ」ということが伝わりません。

Q07 どんなアルバイトをしていましたか？

面接担当者の質問の意図

- 「どのような仕事や物事に興味を持っているのか」を知りたい。
- 「アルバイトをしたときに、どのような行動や考え方をするのか」、ひいては、どんな働き方をする人間なのかを確かめたい。
- アルバイト先での役割、ポジションを知りたい。

あなたが伝えるべきこと

- そのアルバイトを選択した理由や醍醐味を具体的に伝える。
- アルバイトへの取り組み方や役割を、エピソードとともに伝える。
- 「なぜ、その役割を任されたのか」「その役割を通してどう行動したのか」を具体的に伝える。

OK 回答例 ①

　家庭教師をしています。現在の生徒は、高校受験を控えた中学3年生です。苦手な科目を中心に指導するなど工夫しています。それは、志望校に合格してほしいからです。私は高校受験の時、難しいランクの学校を志望しましたが、そのころの家庭教師が懸命に指導してくれたお陰で合格できました。その時、諦めなければ結果が出ることを強く感じたので、指導している学生にも諦めずに志望校に合格してほしいと思います。

アルバイトへの「取り組み方」「役割」、なぜそのアルバイトを選んだのかという「選択理由」となるエピソードも盛り込まれており、伝わりやすい回答です。力を入れたアルバイトには、「お客様のため」「認められるため」「給料のため」など、必ず「頑張る理由」があるはずです。

注意点

・アルバイトをしていなかった場合は、素直に「していません」と答えて構いません。その場合は、「なぜ、アルバイトをしなかったのか」の理由も必ず話すようにしましょう。

アルバイトをしていない場合は、面接担当者から「社会経験がないよね」などと言われる場合もあります。「ボランティア活動で社会には触れていた」など、その際の回答も考えておきましょう。

Q08 アルバイトでの失敗談を教えてください。

面接担当者の質問の意図

- 「組織の中で、失敗をどう乗り越えるか」を知りたい。
- 「失敗したときに、どのような対応をするのか」を知りたい。
- 「問題点を見つけて、改善できるかどうか」を探りたい。
- 「自分が置かれている状況への理解があるか」を確かめたい。

あなたが伝えるべきこと

- 「失敗したときに何を考え、どのように行動したのか」を、具体的なエピソードを交えて話す。
- 「失敗をどう乗り越えたか」、その考え方や行動は必ず盛り込む。
- 「失敗の経験を現在どのように生かしているか」も伝える。

OK 回答例 1

　コンビニエンスストアでのアルバイトで、体調が悪いのに仕事を引き受けたことです。当日に、「今から入れないか」という電話が入りました。体調が悪かったのですが、ほかに人がおらず、引き受けました。しかし、顔色が悪かったために心配されたり、休憩時間を長めにもらうなど、反対に店長に気を遣わせて、結果的には迷惑をかけてしまいました。中途半端な気持ちで取り組むと、良い結果を生まないことがよく分かりました。

具体的な例とともに、そのときの自分の気持ちも交えて、素直に失敗談を話せています。また、「その失敗から何を学んだのか」まで話せているので、伝わりやすくなっています。この質問で面接担当者は、失敗談ではなく「失敗から得たもの」や「どう乗り越えたか」を知りたいのです。

NG 回答例 1

　飲食店でのアルバイトをしています。出勤時間に遅刻したことで周りの人に迷惑をかけてしまいました。そのうえ、店長にもひどく叱られ、信用をなくしてしまい、その後はなかなか職場に溶け込めませんでした。

このように、失敗したことだけを伝えても、意味はありません。もし、まだ乗り越えられていない人は、「今、乗り越えるために努力しています」と、現在の行動や心掛けていることを具体的に伝えましょう。

Q09 友人間でのあなたの役割について教えてください。

面接担当者の質問の意図

- 「集団の中で、自分が生かせる力を把握しているか」を聞きたい。
- 「集団の中で、どのような役割・ポジションで、どのような行動を取るのか」を知りたい。
- 「自己PR」との一貫性を確かめたい。

あなたが伝えるべきこと

- 友人間での自分の役割・ポジションについて、具体的なエピソードや経験を交えて話す。
- 「あなたが、友人間でどのような働きをするのか」を明確に伝える。
- 「自己PR」などと内容が似ても構わない。

OK 回答例 1

　リーダーなど、友人を引っ張る立場として活動することが多いです。私の学科では10名のグループで実験を行う機会がとても多いです。その際には私が先頭に立ち、まずそれぞれの役割を決め、どのような手順で進めるのか、また、どれくらいの時間を費やすのかなどを考え、指示するようにしています。ただ押し付けるだけではなく、みんなが自分の役割をこなせるように、最初に話し合う時間も大切にし、意見を尊重しています。

「役割」について述べた後、詳しく「自分がどう動いているのか」が説明されており、分かりやすい回答になっています。また、最後に「リーダーとして大切にしていること」が話されているのも、ポイントです。そこから、友人間での「役割」を理解していることにつながります。

注意点

- 「自己PR」のエピソードとは違うエピソードを選んで話すようにすると、より説得力が増します。
- 自己PRで話した「特徴や良さ」との一貫性がないといけません。

「自己PR」でサークルの話をしたら、ここではバイトの話をするなど、エピソードを変えることで、「どこでも同じ役割を受け持つ人だ」ということが伝わり、回答の説得力が増します。

Q10 卒論のテーマは何ですか？

面接担当者の質問の意図

- 「どのような分野に興味があるのか」を知りたい。
- 「どのような知識を身につけてきたのか」を知りたい。
- 興味のあることを、「どのように追求し、深めていくのか」を知りたい。また、その方法を具体的に聞きたい。

あなたが伝えるべきこと

- 「なぜそのテーマで卒論を書こうと思ったのか」の理由を伝える。
- 卒論に対しての取り組み方や、考えの過程も伝える。
- まだ卒論のテーマが決定していない場合も、どういう方向性で決めようと思っているかを伝える。

OK 回答例 ①

　卒論のテーマは「在宅介護」です。このテーマを選んだのは、祖父の介護を在宅で行った経験があるからです。これから高齢化が進む日本では、深刻な課題の一つだと考えています。ですので、卒論で多くの知識を蓄えて、将来的には、各市町村の行政と介護問題に対して取り組めるような仕事に就きたいと強く感じています。そこで、私の良さである粘り強さを生かし、決して諦めずに介護の環境を良くしていきたいです。

卒論のテーマだけでなく、将来の展望まで述べられている点が、とても優れています。ここまでの展望は語れなくても、必ずテーマの「選択理由」があるはずです。そこは必ず伝えるようにしましょう。また、「卒論の内容」「研究の仕方」も最低限、答えられるようにしておきましょう。

注意点

- 卒論のテーマや扱う内容は、誰にでも分かるように、端的に説明できるようにする。
- 特に、理系の学生は、専門用語を使った分かりにくい説明になりがちなので、注意が必要。

面接担当者は卒論の内容が知りたいわけではありません。専門用語を並べてただ説明するだけでは、卒論内容を理解できないうえ、質問の意図も読めていないと判断されてしまう恐れがあります。

Q11 これまでに一番辛かった体験は何ですか？ それをどうやって乗り越えましたか？

面接担当者の質問の意図

- 「辛いことに対し、どのように考え、乗り越えるか」、その内容と対策方法を知りたい。
- 「辛かった体験を、今どのように生かしているか」を知りたい。
- 「ストレス耐性がどのくらいあるか」を探りたい。

あなたが伝えるべきこと

- 「辛かった経験を乗り越えた」という具体的な事柄を交えて話す。
- 格好つけずに、当時の状況や気持ちをできるだけ正直に話す。
- 「辛かった経験を、今どのような形で生かしているか」まで伝えられると良い。

OK 回答例 ①

　所属するゼミが、解散の危機に陥ったことです。学科内に、学生発信で新たなゼミを設立しましたが、参加者が少なく、解散の危機に陥りました。その原因は参加者が受け身で退屈な点だと気づき、討論形式の参加型ゼミに内容を変更しました。その結果、40人以上の学生からの参加の希望がありました。この経験を通じて、周囲の賛同を得るためには、要望を理解し、共に良さを実感することが重要だと学びました。

辛かった出来事と、それに対する対処法が述べられています。この学生は、「辛いことを乗り越えるために、現状を見て、改善策を練ることができる」ということが分かります。最後に、辛かった経験から得た考え方が述べられており、失敗からも学べる人だとということがうかがえます。

NG 回答例 ①

　高校3年の時に大学受験に失敗し、1年浪人したことです。当時はとても辛くて、半年くらいはやる気が起きませんでした。しかし、やはり大学には行っておくべきだと思い、勉強に励み、今の大学に受かりました。

本気で勉強して出た結果が「浪人」や「留年」だった場合は、当時どれだけ努力したか、その結果をどう乗り越えたかを、具体的に話せばOK。左記のように、ただ当時の状況を語るだけではダメです。

Q12 これまでで一番の成功体験は何ですか?

面接担当者の質問の意図

- 「成功をつかむために、どのような**努力**ができる人か」を知りたい。
- 「**夢や目標を持って頑張れる人**かどうか」を確認したい。
- 「目標に至る途中の挫折や苦労を、どのように乗り越えてきたのか」を知りたい。

あなたが伝えるべきこと

- 「目標を達成、成功させるために、どのような**努力や行動をしたか**」を具体的なエピソードを交えて語る。
- 「どうして成功できたのか」の**理由**を明確に伝える。
- 途中に挫折や苦労があった場合は、そのエピソードも含めて話す。

OK 回答例 ①

　サーフショップのアルバイトで、新規顧客会員を増やし、貢献したことです。まずは、自分で取扱商品を詳しく調べ、商品の良さを把握しました。そのうえで、よく来ていただくお客様の名前を覚えて、お客様の好みを把握し、どの商品がお客様のニーズに合うかを考えたうえで、日々の接客に取り組みました。このような活動を続けていくうちに、お客様との信頼関係が構築でき、新規の顧客数を伸ばすとともに、売り上げも伸ばすことができました。

アルバイトでどのように行動して、新規顧客獲得という成功を成し遂げられたかが、順を追って分かりやすく説明されています。具体的なエピソードや対策とともに述べると伝わりやすく、また、その過程を述べることで「成功に向けての道筋が描ける」こともアピールできます。

注意点

・成功体験の大小は関係ありません。
・「部活でずっと補欠だったが、1回だけ試合に出られた」など、ささいなことで OK。人が驚くような成功をわざわざ探さなくてもいいのです。

「ビックリするような成功じゃないと目立たない」と思いがちですが、ここでは、しっかりと自信を持って語れることでなければダメです。「自分が本気で打ち込んだこと」を話せば、自信を持てるはず。

Q13 これまでに一番悔しかったことは何ですか？

面接担当者の質問の意図

● 「悔しさをバネにして頑張れる人か」を知りたい。

● 「悔しさを感じるほど、物事に打ち込める人かどうか」を確認したい。その熱意や打ち込む気持ちも聞きたい。

● 「物事に対しどのように考え、行動するのか」を聞きたい。

あなたが伝えるべきこと

● 心の底から「悔しい」と感じた出来事を伝える。これは、打ち込んだことの中にあることが多い。

● 悔しさをバネにして、「どのように頑張れるか」「どのように変化したか」を具体的なエピソードを交えて話す。

OK 回答例 ①

　サークルで初めて企画した合宿の参加者がいなかったことです。サークルのメンバーに話を聞くと、「単なる宿泊では面白みがない。合宿だからこそできる企画が欲しい」と指摘されました。仲間に楽しい時間を提供できていなかったことを痛感し、悔しく思いました。このことから、楽しさや良さを実感してもらうには、ただ企画するだけではなく、目的意識を持って活動し、常に相手の声に耳を傾けることが大切なのだと実感しました。

何に対して「悔しさ」を感じたかが、しっかり話せています。また、「悔しさ」から学んだこと、変化した部分を話せているのも良いです。さらに、「合宿内容を変更し参加人数が増えた」など、改善したエピソードがある場合は、それも入れるとより良い回答になります。

NG 回答例 ①

　アルバイトを始めたころ、仕事をこなせなかったことです。店長に任された仕事のやり方が分からず、ただ焦るばかりでした。アルバイトの時間が終わり、帰り道は何もできない自分に対して、悔しさを感じました。

ただ悔しかった出来事を話すだけでは意味がありません。「悔しさ」に対し、どう行動し、どう乗り越えたか、また乗り越えようとしているかを、明確に話さなければ、面接担当者には何も伝わりません。

Q14 今までに大ピンチは ありましたか？

面接担当者の質問の意図

● 「どうしようもなく追い込まれたとき、どのように行動する人なのか」 を確認したい。

● 「自分の立場をしっかり把握できる人かどうか」を確認したい。

● 「ストレス耐性がどのくらいあるか」を探りたい。

あなたが伝えるべきこと

● 「ピンチが起きたときに、どのように考えてどのような行動を取った か」を具体的なエピソードを交えて話す。

● ピンチに対する自分なりの対処法を素直に答える。例えば、「ピンチ をチャンスに変える」「冷静になってから改善策を考える」など。

OK 回答例 ①

　サークルで企画したゼミが解散の危機に陥ったことで す。私とメンバーの一人の考えが違い、衝突し、そのメ ンバーからやめたいと言われてしまいました。しかし、 ゼミを続けたいという気持ちは一緒であることを再確認 し、改めて頑張ろうと説得しました。目標は一緒だった ので、話し合うことで今まで以上に協力し合うことがで きました。この経験から、思いや目標が一緒で、協力す ることができれば、成果を出せることを学びました。

ピンチの話だけでなく、その ピンチをどう乗り越えたかを 話すことで、この学生が「ピ ンチが起きてから、改めて冷 静になって考えることで改善 策を見つける」という性格を 持っていることがうかがえま す。この質問では、「ピンチ」 から学んだことを話に盛り込 むと効果的です。

NG 回答例 ①

　カフェでのアルバイトで、お客様にお水をかけてし まったことです。その時は頭がパニックになってしまい、 謝ることしかできませんでした。店長や先輩が対応して くれたので、大きな問題にならずに済みました。

「パニックになってしまう」で は、何のアピールにもなりま せん。例えば、「落ち着いてか ら対処する」人なら、そのエ ピソードを話しましょう。も ちろん「迅速に対応できる」 人なら、そのエピソードを。

Q15 今までで一番感謝したことは何ですか？

面接担当者の質問の意図

- 「どのような人や物事に影響を受けてきたか」を聞きたい。
- 感謝する物事から、価値観を探りたい。
- 「人や物事に対して、感謝できる人かどうか」を聞きたい。

あなたが伝えるべきこと

- 人や物事に感謝したエピソードを具体的に話す。
- 「なぜ、その人や物事に対して感謝したのか」の理由を必ず伝える。
- 感謝したことは、特別なことでなく、身近な人やささいな物事でも、心から感謝したことであればOK。

OK 回答例 ①

　高校時代に、廃部寸前の部活を後輩が引き継いでくれたことです。後輩が「これからも部活を続けたいから、部員を増やすために勧誘活動を行いたい」と相談してくれました。2週間ほど勧誘活動の手伝いにかかわるうちに、チームワークの素晴らしさや部活に対する気持ちが後輩も同じだったことに、胸が熱くなりました。この時、部活を続けてきた満足感と、ずっと続いていくかもしれないという伝統の重みを感じました。

誰に対して、どんなときに感謝したのか、具体的に話せています。この回答からは、ただ感謝したエピソードだけでなく、学生の「視点」も見えてきます。この学生の場合、「部活を続けてくれる後輩」に感謝していることから、「人とのつながりを大切にしている」ことがうかがえます。

NG 回答例 ①

　私は、人にも自分にも向上心を求めているので、あまり感謝をしたことはありません。上を目指すためには、現状に満足してはいけないと思います。なので、足りない部分を指摘する方がためになると思います。

この回答は論外です。「感謝したことがない」と言ったら、人格を疑われかねません。身近な人（例えば、両親や部活の先輩など）に感謝したエピソードなら、誰にでもあるはずです。探してみましょう。

Q16 今まで時間を忘れるくらい 没頭したことは何ですか?

面接担当者の質問の意図

- 「没頭できることがある人かどうか」を聞きたい。ここから、「社会人になったら、仕事にも没頭してくれるかどうか」も確認したい。
- 「何に興味を持っているのか」を知りたい。
- 「没頭したことから、何を学んで得たのか」を知りたい。

あなたが伝えるべきこと

- そのことに没頭した理由を必ず伝える。
- 没頭していることや、そのときの行動などを具体的なエピソードを交えて話す。
- 没頭していることから学んだことや得たことも伝える。

OK 回答例 1

高校時代のラグビー部での活動です。レギュラーとして活躍していましたが、怪我によってラグビーを続けられなくなり、マネジャーとして部に所属しました。プレーできないことは辛かったのですが、私にとってはラグビーから離れることがそれ以上に辛いことだと分かりました。それからは、選手だったからこそできるサポートを精一杯行い、毎日、部員のために、マネジャーとしての仕事に打ち込みました。

没頭したこととして、過去の具体的なエピソードを話せており、面接担当者も理解しやすい回答です。また、「なぜ没頭するのか」の理由も明確に伝えられています。ただし、具体的なエピソードを話す場合、ただその出来事を説明するだけにならないように注意しましょう。

注意点

- 大学に限らず、中学・高校のころの経験でも OK です。
- 成果を上げるためにやっていることでなくても、また、まだ成果を上げられていないことでも構いません。
- 「なんとなく長年続けた」では没頭したとは言えません。

この質問では、「成果を出したかどうか」よりも、「どれだけ没頭できるか」が重要です。もちろん、長く続けることも大切ですが、ただ単に長期間続けているだけでは、没頭したかどうかは伝わりません。

Q17 人生の「ターニングポイント」と なった出来事は何ですか？

面接担当者の質問の意図

● 「どのような物事に影響を受けるのか」を知りたい。どうして影響を 受けたのか、理由も聞きたい。

● 「ターニングポイントとなるような出来事から、何を感じ、学ぶこと ができたか」を聞きたい。

あなたが伝えるべきこと

● なぜ、その出来事がターニングポイントとなったのかの理由を話す。

● ターニングポイントを境に、「変わる前の自分」と「変わった自分」 を明確に伝える。

● ターニングポイントは日常のささいなことでも OK。

OK 回答例 ①

　高校受験に成功したことです。それまで、私は努力が 苦手でした。高校を決める際、小学校から続けていたサッ カーで活躍したいという気持ちからA高校を志望しまし た。合格することは難しいと言われましたが、ここでサッ カーを諦めるわけにはいかないと、勉強に集中しました。 その結果、志望校に合格することができました。この経 験から、目標を立て努力すれば、必ず結果が出せること を肌で感じ、今は資格取得に向け、努力しています。

「高校受験」というターニン グポイントを境に、「努力で きる人間に変わった」と具体 的に話せています。また、こ の学生は「目標」に重きを置 いていたから、「努力できる 人間に変わった」と言えます。 このように、エピソードの中 から、「特徴」や「人間性」 も垣間見えるのです。

NG 回答例 ①

　友人とケンカをしたことです。友人と意見が食い違っ たことがあり、衝突してしまいました。すぐに仲直りは できたのですが、それ以来、衝突しないように、自分の 意見は言わずにのみ込むようになりました。

この話だと、「主体性がなくなっ た」と受け取れます。このよう なマイナスの変化を話す必要 はありません。プラスの変化の 場合は、「友人とのケンカ」の ような日常的なことでも十分 アピールにつながります。

Q18 あなたが学生時代に2番目に頑張ったことは何ですか?

面接担当者の質問の意図

- 「1番頑張ったことの信憑性」を確かめたい。必ずどこかに、1番頑張ったこととの接点があるはず。
- "2番目に頑張ったこと"として重視している「視点」や「価値観」を探りたい。

あなたが伝えるべきこと

- 純粋に、2番目に頑張ったことについて具体的に答える。
- 「なぜ、それを頑張ったのか」の理由を具体的に話す。
- 必ずどこかに1番頑張ったこととの接点があるはず。自問自答し、1番目と2番目に頑張ったことの共通点を見つけておく。

 回答例 ①

2番目に頑張ったことは結婚式場でのアルバイトです。その結婚式場では15名がひとつのグループとなり結婚式を担当します。チームワークがなければ、いいサービスや結婚式を行うことはできません。私はグループリーダーとして、「お客様の一生の思い出になるイベントだからこそ一生懸命取り組みたい」という気持ちを仲間に伝えるため、何度もミーティングを行うことで、同じ目標に向かって仕事ができるようになりました。

この学生は「1番頑張ったこと」では「バレーボール部でチームワークを強めること」と話しました。つまり、「チームワーク」が接点となったのです。ほかにも、「1番頑張った部活で必要なものを買うためのアルバイト」が、2番目に頑張ったことというエピソードでもOK。

類似の質問

・3番目に頑張ったことは何ですか?
・4番目に頑張ったことは何ですか?
・5番目に頑張ったことは何ですか?

これらの質問には、必ずしも答える必要はありません。本気で頑張ったことがほかにないなら、「ありません」とはっきり答えましょう。「とりあえず答えておこう」と適当に答えると墓穴を掘る危険性が。

Q19 最近、うれしかったことは何ですか?

面接担当者の質問の意図

● 「どのようなときに、どのようなことに対して "うれしい" と感じるのか」を知りたい。

● 「何に一生懸命になっていたのか」を確認している。

● あなたの「価値観」や「視点」を知りたい。

あなたが伝えるべきこと

● 心から「うれしい」と思ったエピソードを具体的に話す。

● 「なぜ、そのことに対して "うれしさ" を感じたのか」の理由を明確に話す。

● 「うれしかったこと」を背景に、自分の努力や頑張りについて語る。

OK 回答例 ❶

　学内のテニスサークル12チームが参加する大会で優勝したことです。テニスはチームワークがなければ優勝できません。この3年間、話し合いを欠かさず、お互いの長所や短所を理解したうえで活動してきました。ときには、意見がまとまらず、練習が進まないこともありましたが、同じ目標を持つ仲間だからこそ、壁を乗り越えられたのだと思います。優勝は、仲間が一丸となって取り組んできた証だと思うと、うれしかったです。

「なぜ"うれしさ"を感じたか」の理由を、明確に話せています。「うれしさ」は、この学生のように、努力や頑張りがあったからこそ感じるはずです。その「努力」の部分を話すことで、説得力が生まれます。また、あなた自身の「価値観」や「特徴」も面接担当者に伝わる内容になります。

NG 回答例 ❶

　先日、友人がサプライズで誕生日パーティーを開いてくれました。その日は私の誕生日から1日過ぎていたので、てっきり「忘れられてしまったか」と少し残念に思っていたので、驚くとともにうれしかったです。

「うれしかった」だけのエピソードでは意味がありません。「ケンカをしてしまい、友人の信頼を取り戻すため努力したら、誕生日を祝ってくれた」のように、「努力」があった場合はアピールにもなります。

Q20 興味のある人はいますか？

面接担当者の質問の意図

- 「どのような人に興味があるのか」を聞きたい。
- 「どのような人から影響を受けているのか」を知りたい。
- 興味のある人を通じて、あなた自身の「人間性」やあなたが「経験してきたこと」を知りたい。

あなたが伝えるべきこと

- 「なぜその人に興味があるのか」の理由を具体的に話す。
- 「その人からどのような影響を受けたか」を、具体的なエピソードを交えて話す。
- 興味のある人は、先輩や友人など身近な人でも、有名人でもいい。

OK 回答例 1

部活の先輩です。私は、テニス部に所属しています。その先輩は、目標を達成するためには何が必要かを考え、日々努力しています。その結果、数々の大会で優勝、もしくは準優勝という結果を残しています。私も常に目標を持ち、それを達成するためにどのように取り組むことが大切なのかを考えて過ごしています。しかし、私の場合は必ず結果が出せるわけではありません。私も彼のように常に結果が出せる人間でありたいと思うので、興味があります。

「なぜ部活の先輩に興味があるのか」が明確になっています。ただ興味がある人物を述べるだけではなく、その「理由」をしっかりと伝えることが必要です。また、「自分がどのような人間であるか」を、先輩の特徴を通して伝えることも大切。この回答では分かりやすく自分のことを伝えられています。

NG 回答例 1

アルバイト先の先輩です。その先輩は、チーフとしてアルバイトのみんなをまとめています。リーダーシップがあり、私が迷ったときにはいつもその先輩に相談します。私にはないものを持っているので、格好良く憧れます。

ただ単に「憧れている」という自分の気持ちを伝えるだけでは意味がありません。その先輩の人柄に対する感想で終わるのではなく、「自分がどのような人間であるか」を、質問の回答を通して伝えましょう。

Q21 あなたが今までに影響を受けた人は誰ですか？

面接担当者の質問の意図

- 「どのような人に影響を受けてきたのか」を知りたい。
- 「どのような影響を受け、どのように成長したのか」を知りたい。
- 「どのような影響を受け変化したかを、自分自身でしっかりと理解しているか」も聞きたい。

あなたが伝えるべきこと

- 「誰に、どのような影響を受けたか」を具体的に話す。
- 「影響を受けたことで、自分がどう成長できたのか」を、「考え方」や「行動」の変化を挙げながら、具体的に伝える。
- 影響を受けた人は、両親や先輩、友人や兄弟など、身近な人でOK。

OK 回答例 ①

　高校時代の友人です。友人は、常に物事を前向きに考え、何度失敗しても自分の目標を達成しようと努力できる人です。彼女は、周りから「絶対に無理だ」と言われていた医学部に、2年間の浪人を経て合格しました。その姿を見て、自分自身に強い意志と目標があれば、どんなに難しいことでも必ず達成できることを学びました。それから私は、周りには「不可能だ」と言われている司法試験に挑戦することを決心しました。

この質問は「影響を受けた人」なので、「影響を受けて、どう成長できたか」を明確に話す必要があります。この学生は「友人のお陰で、諦めない精神を学んだ」と具体的に話せています。友人や兄弟のような身近な存在でも、影響を受けたエピソードがあればアピールになります。

NG 回答例 ①

　大学の友人です。友人はサッカー観戦が趣味で、何度か「一緒に見に行こう」と誘われました。実際に行ってみると、生で見るサッカーの試合の迫力に感動し、私もサッカーを見に行くようになりました。

ここで聞いている「影響」とは、「考え方」や「行動」に関することです。「趣味」の話をしても意味がないので、質問の意図をくみ取るようにしましょう。また、マイナスな影響の話もNGです。

Q22 あなたの夢は何ですか？

面接担当者の質問の意図

● 「夢を持っている人かどうか」を知りたい。夢や目標を持っている人は、その実現のために成長が見込める人だから、確認したい。

● 「夢に向かって、どのような行動や努力ができるのか」を知りたい。

● 「将来、どのような道に進もうとしているのか」を聞きたい。

あなたが伝えるべきこと

● 夢の実現に向けて取り組んでいることを具体的に話す。

● 面接で伝えたい、自分の良さや特徴につながるような内容が好ましい。

● 夢の大小は関係ない。ささいなことでも、胸を張って「私の夢です」と言える夢について話す。

OK 回答例 ①

　教師になることです。小学校、中学校時代と私に継続することの大切さを教えてくれた先生がいます。継続することで、技術だけでなく、粘り強く努力する精神も身につくことを教えてくれました。その先生のお陰で、私は12年間もピアノを続けることができ、技術が身についただけではなく、多くの人との出会いもありました。次は私が教師となり、継続することの大切さを、一人でも多くの生徒に伝えていきたいと思っています。

夢だけでなく、「なぜ、それが夢となったのか」の「理由」をしっかり話せています。ただ夢を語るのではなく、「理由」も話すことで、説得力が増し、面接担当者にも伝わりやすくなります。さらに、夢の実現に向けて、現在取り組んでいることが盛り込まれるとより良い回答になります。

NG 回答例 ①

　私の夢は、笑いの絶えない家庭を築くことです。私がそのような家庭で育って、楽しい生活を送れているからです。具体的には、25歳までに結婚し、30歳までに家を建て、子ども2人がいる4人家族が理想です。

就活の場でプライベートの夢を話すのは注意が必要です。このような発言ではあなた自身の良さが何も伝わりません。就活の面接では、自分の特徴や良さを伝えることに努めましょう。

Q23 10年後のあなたはどうなっていると思いますか？

面接担当者の質問の意図

● 「具体的なキャリアビジョンを持っているか」を確認したい。

● 「キャリアビジョンのために、どのような努力をしようとしているか」を知りたい。そこから、働くイメージをつかみたい。

● 「どのくらい企業研究、業界研究ができているか」を探りたい。

あなたが伝えるべきこと

● できるだけ具体的にキャリアビジョンを語る。「このような役割を果たしたい」「このようなプロジェクトを動かしたい」など。

● キャリアビジョンを達成するために、努力している、または努力できるであろうことを話す。

OK 回答例 ❶

　責任ある仕事を任されるポジションに就いていると思います。入社1、2年目は自分のことで精一杯かもしれませんが、3年後には、先輩から重要な仕事を任されたり、後輩から質問を受けるなど、一通りの仕事をこなせるようになりたいです。そして10年後には、支店全体の成績についても考えられる立場に立つことが目標です。大きな目標を持ち、責任ある仕事を任されることで、自分の力を100%出せると考えています。

「支店全体の成績についても考えられる立場」のような具体的な内容を盛り込むことで、伝わりやすくなっています。具体的な業務内容は、企業研究をしていないと分からない部分なので、準備しましょう。また、この質問は、仕事に関しての10年後を聞かれていると考えましょう。

NG 回答例 ❶

　責任を持って後輩を指導できる先輩になりたいです。アルバイトでの経験ですが、分かりやすく仕事を教えてくれた先輩がいました。先輩のお陰で仕事が覚えられたので、私も指導できる先輩になりたいです。

例のような抽象的な将来像では、どのようなキャリアビジョンがあるかが伝わりません。企業研究を通し、10年後にはどんな仕事ができるか、役職に就けるかをしっかり把握し、具体的な希望を話しましょう。

Q24 あなたの性格をひと言で言ってください。

面接担当者の質問の意図

- 「あなたがどのような人間であるか」を知りたい。
- 「自分自身の性格を理解し、簡潔に表現できるか」を確認したい。
- 自己PRなどとの一貫性を聞きたい。面接後半で改めて、あなたの性格を確認する場合もある。

あなたが伝えるべきこと

- 「明るい」「責任感がある」など、性格をひと言で表す。
- 自己PRなどと全く違う要素になってしまうのは論外。
- 「理由」を聞かれた場合は、その性格だと言える理由や根拠を、具体的なエピソードを交えて話す。

OK 解答例 1

　私は実行力のある人間です。自分の目標を達成するためには、何をするべきなのかを考えることができます。そして、その目標を達成するために必要な行動を選んで、時間を置かずに、すぐ実行に移すことができます。

回答例くらいの長さならOKです。この質問は「ひと言」という条件があるので、ダラダラと話さないよう注意しましょう。回答の後に、「なぜそう思うのですか？」などの「理由」を問う質問をされる場合が多くあります。必ず「理由」を具体的に話せるようにしておきましょう。

NG 回答例 1

　「好奇心のアンテナを張ったチーター」です。私は好奇心が旺盛です。テレビや雑誌などで紹介されていた面白そうなところにはすぐに出掛けていきます。行動力と好奇心は、誰にも負けないと自負しています。

「ひと言」と言われたからといって、凝ったキャッチフレーズを作る必要はありません。キャッチフレーズを作ると、それにとらわれて本来の性格と違う内容になってしまう可能性があります。

Q25 あなたは周りからどのような人だと思われていますか？

面接担当者の質問の意図

● 「周りの人からどのように評価されているのか」を知りたい。

● 「あなた自身の評価と周りからの評価が一致しているか」を聞きたい。

● 「周りの人からの評価もきっちり自分で認識できているかどうか」を確認したい。

あなたが伝えるべきこと

● 心を開いて交流している人から聞いた「あなたの評価」を参考にする。

● 具体的な経験やエピソードを交えて話す。

● 自己PRと合わせるために創作するのは絶対NG。自己分析がしっかりとできていれば、自然と一致するはず。

OK 回答例 ①

　同じ学部の友人からは、「真面目」だと思われています。授業を真剣に受けたり、テスト前には友人に勉強を教えたりしているので、日々の努力が評価されているのだと思います。また、サークルの友人からは、「誠実」だと言われます。メンバーのうち一人でも納得していない人がいると、納得してもらえるまで説明したり、話し合ったりすることが多くあります。そのような取り組みを見ての印象だと思います。

多方面から同じ印象を持たれている場合は、「学部」「サークル」と、2つ紹介するのも効果的です。その際も、必ず「なぜそう思われているのか」の理由を話しましょう。周りからの評価が分からない場合は、親や兄弟に聞いてみましょう。本来の性格を教えてくれるはずです。

NG 回答例 ①

　私は積極的だと思っていますが、周りからは「慎重派だよね」と言われます。サークルの仲間やアルバイト先でも、「行動に移すまでにしっかり計画を立てていて、すごい」とよく褒められています。

「自分の評価」と「周りからの評価」が正反対なのはNG。「どうしても自己PRと合わない」という人は、しっかり心を開いて交流している友人や家族に、改めて自分に対する評価を聞いてみましょう。

Q26 就活で発見した新たな自分の特徴は何ですか？

面接担当者の質問の意図

● 就活中に行う"自己分析"を通じて、自分の良さや特徴などを正しく認識できているかどうかを知りたい。

● 就活中に気づいたことを、自分自身に反映できているかどうかという、柔軟性を確認したい。

あなたが伝えるべきこと

● 就活の中で気づいた自分の性格を明確にする。

● 「就活中に新たに気づいたことに対し、どのように考え、行動したか」を具体的に話す。

● 自己分析は就活を始めたら終わりではない。就活中も続けて行う。

OK 回答例 1

　楽観的な自分です。自己分析がうまくいかなかったり、エントリーシートが思うように通過せず落ち込むことが何度かありました。しかし翌日にはいつも通りにコツコツと取り組んでいる自分がいました。以前は落ち込みやすい性格かもしれないと思っていましたが、不安になっても、今自分ができることをひたすら頑張ろうとしている自分に気づきました。就活を通して精神的に成長したのだなと感じています。

「自己分析やエントリーシートを通して気づいた」と、まさに就活中の気づきだということが、分かりやすく話せています。この質問を通して、「自分を理解できているか」という部分も見られています。就活が始まっても、自分の行動や考え方を振り返り、自己分析を続けましょう。

NG 回答例 1

　特にありません。就職活動を始める前に、自己分析を行いましたが、そこで見つけ出した自分から、特に新たな発見などはありません。なので、そんな自分とぴったり合うと思った御社で働きたいと思っています。

自己分析をしていても、実際に就活を始めたら気づくことがあるはずです。「自分を振り返ることができない人」と受け取られてしまいかねないので、何か理由がない限り「発見していない」はNGです。

Q27 ストレスはどのように乗り越えていますか？

👆 面接担当者の質問の意図

- 「どのようなやり方で、ストレスを乗り越えるか」を知りたい。
- 「どのようなときに、ストレスを感じるのか」を知りたい。
- 「仕事でのストレスを乗り越える術を持っているか」を確認したい。

👆 あなたが伝えるべきこと

- 普段の「ストレス解消法」を具体的な経験を交えて話す。
- 「乗り越えた経験」として必ず前向きな経験を話す。「途中でやめました」「諦めました」といった経験を話すのは避けること。
- 「どのようなときにストレスを感じるか」も話す。

OK 回答例 ①

　泳ぐことでストレスを乗り越えています。私は10年間、水泳を続けてきました。私にとって泳ぐことは、楽しみであると同時に、とてもリラックスできることのひとつです。水の中にいるときは、泳ぐことだけに集中できます。そのため、普段ストレスに感じていることを忘れ、精神的にリフレッシュできるのです。また、普段は精神的な疲れが多い中、体力を使うことで、バランスの良い身体を保つことができています。

「身体を動かすことでストレスを発散する」ということを、具体的なエピソードを交えて話せています。さらに、「どんなときにストレスを感じるか」が話せるとより良い回答になります。例えば、「結果を求められるときに感じる」、「集団で物事に取り組むときに感じる」などが挙げられます。

NG 回答例 ①

　以前、レストランでアルバイトをしていました。その店の店長と馬が合わず、仕事がスムーズに進まないことが多くありました。そのストレスに耐え切れず、アルバイトをやめることでストレスを解消できました。

例のように「辞める」「諦める」などの解消法は絶対NG。面接担当者が、「入社しても、すぐに辞めてしまうかもしれない」と不安に思うかもしれません。前向きな解消法を探しておきましょう。

Q28 高校時代に打ち込んだことについて 教えてください。

面接担当者の質問の意図

- 高校時代に打ち込んだことを通じてあなたを理解したい。
- 高校時代に打ち込んだことが今のあなたにどのように影響しているか 知りたい。

あなたが伝えるべきこと

- なぜこのことに打ち込んだのか理由を伝える。
- どのように打ち込んだのかを具体的に伝える。
- 打ち込んだことから何を得て、学んだか、困難があれば、どのように 乗り越えたのか。

OK 回答例 1

　サッカー部の活動に打ち込みました。中学時代には感じられなかった、充実感と達成感を味わいたいと思ったからです。強豪校から集まった部員が多く、レギュラーになることは難しい状況でした。しかし、自分の目標に向かってやるべきことを明確にし、継続して努力することで、ベンチ入りを果たしました。

なぜサッカー部の活動に打ち込んだのか理由が大切です。それに加えて、どのように力を入れてきたのか、そこで何を得たのかも伝えることができればいいでしょう。

NG 回答例 1

　私は特に打ち込んだことがありません。高校時代は部活にも所属せず、行事に対しても消極的な方でした。

自己分析を行うことで、必ず打ち込んだことがわかるはずです。人と比べて自分を振り返るのではなく、自分なりに頑張ったと言えることを見つけ出しましょう。

Q29 友人は多い方ですか？

面接担当者の質問の意図

- 学生にとって「友人とはどのような存在なのか」を知りたい。
- 「どのような友人を持ち、どのような人間関係を築いているか」を知りたい。
- 人間関係に対する価値観を聞きたい。

あなたが伝えるべきこと

- 最初に「多い」「少ない」の結論を述べる。
- 友人が多い（少ない）と思う、判断基準を明確に話す。
- 「広く大人数と」「少人数と深く」など、「友人とどのような人間関係を築いているか」と、その「理由」を具体的に話す。

OK 回答例 ①

友人は決して多くない方だと思います。しかし、その分、深い付き合いができています。所属しているサークルで、数名の友人とは親しく付き合い、さまざまな悩みも打ち明けることができて、よくアドバイスももらっています。そのため、お互いの信頼関係は強いものだと自負しています。友人の数は少ないですが、会話をしたり、コミュニケーションを取る時間は、周りの人よりも多いかもしれません。

この質問では、「友人が多いか少ないか」は重要ではありません。学生が「どのように人間関係を築いているか」を見ているのです。例の学生は、「少人数と深く付き合う」という「人間関係の築き方」を話しています。その築き方が、「友人が多くない」と思う「理由」にもなってくるのです。

NG 回答例 ①

友人はあまりいません。私はこれまで、どんなことも自分の力で乗り越えることを目標としてきました。そのためには、友人に力を借りるわけにはいかないと思い、あまり深く付き合わないようにしています。

「友人がいません」＝「人間関係を築けない人だ」と取られます。会社に所属することは、集団生活を行うことと同じなので、他人と人間関係を築けない人は、企業側に不安を与えてしまうかもしれません。

Q30 残りの学生生活でしたいことは何ですか？

面接担当者の質問の意図

● 「残りの学生生活という限られた時間をどのように使うか」を知りたい。

● 「自由な時間を、目標や理由を持って使えるかどうか」を確認したい。

● 時間の使い方から、何に興味や価値を持っているかを聞きたい。

あなたが伝えるべきこと

● 時間の使い方、やりたいことを具体的に話す。

● そのことをやりたい理由を明確に話す。自分の特徴や、過去の経験などを交えると伝わりやすい。

● ただ単純にしたいことを言うだけでは何も伝わらないので注意。

OK 回答例 1

　部活で後輩を指導していきたいです。なぜかというと、部活の後輩たちにも、私たちが経験した関東大会に出場してほしいと強く思うからです。私はこの大会に出たことで、部員が一丸となって取り組み、達成感を味わうことにより、さらに大きく成長できたと感じました。そのような経験を、ぜひ後輩にもしてほしいので、後輩たちが関東大会に出場できるように、少しでも力になってあげたいと思います。

この学生は、過去の経験を交えながら、「何をしたいか」とその「理由」を具体的に話せています。この回答から、「感動を、仲間とともに共有したい」という思いが強いということが分かります。このような質問からも、あなたの「人間性」が見られているのです。

類似の質問

・1カ月間自由な時間があったとしたら何がしたいですか？

・10日間自由な時間があったとしたら何がしたいですか？

すべてに共通することは「自由な時間をどう使うか？」。違いは、それぞれに期間が異なることです。質問で述べられている期間内にできることを答えないと、「計画性がない」と取られてしまうので注意。

Q31 集団で何かを成し遂げた経験はありますか?

面接担当者の質問の意図

● 「集団内での自分の役割や、100%力を出せる方法を自分で分かっているかどうか」を確認したい。

● 「集団で何かを成し遂げた経験があるかどうか」を知りたい。ここから、企業という集団の中でも力が発揮できるかどうかを判断したい。

あなたが伝えるべきこと

● 過去に集団で何かを成し遂げた経験やエピソードを具体的に話す。

● 集団内での自分の役割や、「どのように力を発揮し、成し遂げることができたか」を明確に話す。

● 成し遂げたことの大小は関係ない。「授業中の班活動」などでもOK。

OK回答例 ①

　大学の寮でのイベントを成功させたことです。イベント実行委員は10名いました。企画会議では、本気で意見をぶつけ合い、意見が食い違ってまとまらないこともありましたが、逃げ出す人は一人もいませんでした。それは、寮生にとって心に残るイベントをしたいという同じ目標に向かっていたからだと思います。イベント終了後、寮生から「楽しかった」と温かい言葉をかけてもらったとき、心から達成感を感じることができました。

集団での活動を具体的に話せています。回答例のように、困難を乗り越えたエピソードは説得力がありますが、困難がなかった場合も、「なぜ困難がなく成功できたか」の「理由」を話せばOKです。また、この中に、集団における自分の「役割」が入ってくると、さらに良い回答になります。

注意点

・一次面接で多いグループワークでも、この質問と同じ部分が見られていることが多いようです。グループワーク後の面接でもこの質問を行い、行動と回答の一貫性が確認される場合もあります。

「グループワーク」は、班で一つの課題に取り組むなど、複数の人で活動を行う選考方法です。ここでの行動と回答の「役割」が同じだと説得力があります。グループワークで普段の自分を出せれば一致するはずです。

Q32 あなたが通っている大学、学部を志望した理由は？

面接担当者の質問の意図

● 「大学をどのような基準で選んだか」を知りたい。ここから、「何かを選ぶときに、どのような視点で選んでいるのか」を確認したい。

● 「どのようなことに興味を持っているか」を知りたい。

● 「視点」や「興味」から、人間性や考え方を確認したい。

あなたが伝えるべきこと

● 当時感じていた「志望理由」を素直に話す。

● 第二志望だった場合や、志望理由がなかった場合は、素直に当時の思いを話し、「今だったらこう考える」と補足する。

● 現在通っている大学に合わせて志望理由を新たに考える必要はない。

OK 回答例 ①

　私は、将来航空関係の仕事に就きたいと考えていました。大学では専門的な知識や技術を学びたいと考え、より専門的な分野が学べると感じた航空宇宙工学科を志望しました。いくつかある中で、私が通っているA大学を選んだ理由は、卒業後に航空関係の職業に就いている人が多かったことと、基礎知識と実験や製図を通してモノ作りを実際に体験できるところに魅力を感じたからです。

この質問では、「実際に入学してみてどうだったか」ではなく、あくまで高校のころの「志望理由」が聞かれています。この学生は、当時から明確に「志望理由」があったようです。もし、明確な理由がなかったとしても、無理に作る必要はありません。当時感じていたことを素直に話しましょう。

NG 回答例 ①

　現在通っている大学は、家から近く、学園祭なども楽しそうで、自分の成績にも合っていたので選びました。所属しているのは経済学部ですが、将来どんな職種に就く場合も通用する学部だと思い、志望しました。

素直に当時の志望理由を話すべきですが、例の回答ではあまりにも内容が薄すぎます。このような場合は、「当時はこうでしたが、今ならこう選びます」と、今考える選択基準などを話すようにしましょう。

Q33 就職活動のことは誰に相談していますか？

面接担当者の質問の意図

- 「就職活動のような自分の人生を左右する出来事を、誰に相談しているか」を確認したい。
- 「どのような人に囲まれ、影響を受けているか」を知りたい。
- 「どのように人間関係を築いているか」を知りたい。

あなたが伝えるべきこと

- 「誰に相談しているか」と、その理由を明確に話す。
- 「どのようなアドバイスを受けて、どのような影響を受けたか」を具体的なエピソードとともに話す。
- 聞かれない限り、相談内容まで話さなくてもOK。

OK回答例 1

　父です。父が働いている業界にも興味があるので、詳しく話を聞くことができ、勉強になります。また、私の強みや弱みも含めて、アドバイスしてくれることはありがたいと思っています。同じように、大学を決める際にも「5年後、10年後をしっかり考えて選ぶことが大切だ」とアドバイスをくれました。そのお陰で、私は安易な考えで大学を選ぶのではなく、将来のことを具体的に考えながら選ぶことができたので、その後も父の意見は参考にしています。

「誰に相談し、どのようなアドバイスや影響を受けたか」を具体的に話せています。さらに、過去の似たエピソードを出すことで、より説得力のあるアピールにしている点が良いでしょう。また、この質問の回答は、親や先輩のような、「社会経験のある相談相手」が理想的です。

NG回答例 1

　友人です。同じように就職活動をしている者同士、不安や悩みを話すことが多いです。自己分析のやり方から、面接での困った質問など、お互いに困ったことを話し合うことで、モヤモヤが解消できている気がします。

友人に相談する「理由」がないので、何も伝わりません。また、相談相手が友人だけだと「人間関係が狭い」と思われかねないので、友人に相談していることに意味を見出せる「理由」が必要になります。

Q34 あなたが一番輝いているときはどんなときですか？

面接担当者の質問の意図

- 「自分のどのようなところに自信を持っているか」を知りたい。
- 「いままでに"自分が輝いている"と感じた経験があるかどうか」を知りたい。また、「仕事にも自信が持てるかどうか」を確認したい。
- 「いつ輝いていると思うか」から、価値観や人間性を知りたい。

あなたが伝えるべきこと

- 自分が自信を持って「輝いている」と言える瞬間を、具体的なエピソードを交えて話す。
- その瞬間が一番輝いていると思う理由を明確に話す。
- 周りと比べるのではなく、自分が一番自信を持てる瞬間について話す。

OK 回答例 ①

　物事に必死に打ち込んでいるときです。大学時代は、サークル内に新たにラジオドラマのゼミを設立し、1年間運営していたときと、民事訴訟法ゼミの模擬裁判で被告班のリーダーを務めたときが、一番輝いていた瞬間だと思います。私は、目標を持つことで、そこに向かってひたむきに取り組むことができ、壁にぶつかってもそれを乗り越えるだけの力がわいてきます。そのような瞬間が、一番輝いているときだと思います。

「どのようなときに、自分が輝くか」の具体的な事柄と、その「理由」を話すと同時に、この学生の「過程を重視している」という「人間性」や「視点」を伝えられる内容になっています。どの質問にも共通する部分ですが、回答の中から「どのような人間であるか」を伝えることが大切です。

NG 回答例 ①

　テニスサークルに所属していますが、私は仲間に比べて良い成績を残せていません。試合も勝てた経験がほとんどありません。なので、「自分が輝いている」というには、まだまだ努力が必要だと思っています。

人と比べるのではなく、自分自身で自信を持っている部分を話しましょう。試合に勝つことだけが「輝く瞬間」ではないはずです。この学生の場合は、練習中などにも目を向けると良いでしょう。

Q35 高校と大学での成長の違いについて、どう思いますか？

面接担当者の質問の意図

- 「6年間でどれだけ成長し、どのように変化したか」を知りたい。
- 「自分自身の成長について、どれだけ理解できているか」を確認したい。
- 「高校と大学での成長の違いを理解できているか」を知りたい。

あなたが伝えるべきこと

- 「高校での成長」と「大学での成長」の違いを具体的に話す。
- 「なぜ、それぞれの成長が違うのか」の理由を明確に話す。
- 答える内容は、「高校生から大学生になって感じた成長」でも、「高校で成長したことと大学で成長したことの違い」でもOK。

OK回答例 ❶

高校時代の剣道部では、みんなで同じ目標に向かって練習に励み、辛いときも支え合っていました。しかし、大学時代は剣道3段への昇段を目指して、ハードな練習を行い、個人で頑張ってきました。辛いときも苦しいときも頼れるのは自分だけだったので、精神的に強くなれたと思います。目標を達成したいという強い思いがあったからこそ、辛いときにも逃げ出さずに頑張れたのだと思います。

この学生は、「高校での成長」と「大学での成長」の種類の違いを話しています。どちらも具体的なエピソードを出すことで、それぞれの違いを明確にできています。「環境が変わることで、自分がどう変化したか」をしっかり理解することが、この質問では重要になります。

NG回答例 ❶

高校生のころまでは消極的な性格でしたが、大学で積極的になれました。きっかけは、授業を自分で選ぶという経験です。友人が取っていないため、一人で受ける授業も多いのですが、必要な授業は積極的に受けています。

性格の本質的な部分が変化することはそうそうないはずです。また、例の回答だと「必要な授業だから取った」＝「積極的とは言えない」とも取れます。もっと明確な成長が見えると説得力が増します。

Q36 自分に足りないと思うのは どんなところですか？

面接担当者の質問の意図

- 「何かに取り組むときに、自分の足りない部分を自覚しているかどうか」を知りたい。
- 自覚できているかどうかは、企業で働く際にも重要な部分。
- 「足りない部分をどのように改善しようとしているか」を知りたい。

あなたが伝えるべきこと

- 何かに取り組むときに「自分のどんな部分を足りないと思うか」を素直に話す。
- 足りない部分を補うための改善策を具体的に話す。
- 「足りない部分」＝「改善余地のある部分」だと考え、自分の中の改善できる部分を探して伝える。

OK 回答例 ①

物事の優先順位を考えることが足りない点だと思います。同時に複数のことに取り組まなければならないとき、どれを優先すべきかを考えずに行動することがあります。例えば、サークルの試合と課題提出日が同じ時期の場合、何を優先して取り組まなければならないのかを考えずに行動した結果、課題の評価が悪く後悔することが何度かありました。もう少し冷静に、物事の優先順位を考え行動できると、後悔も少なくなると思っています。

素直に自分の「足りない部分」を話すことで、「課題をしっかり理解している」ことを伝えられます。この学生の場合、「優先順位を考えられない」ことの改善策を、より具体的に話せるとさらに良いのですが、最後に「改善しようとする意志」を見せることで、良い印象を与えられています。

類似の質問

- 就職するにあたり、自分に足りないと思うところは？
- あなたが自分で「もっと改善できるのでは」と思うところは？

「企業で働く」という意識が強くなる質問ですが、答え方は同じです。学生はまだ働いた経験がないので、変に考えすぎず、過去の集団での活動の中から、足りないと思う部分を答えれば問題ありません。

Q37 あなたは器用ですか？不器用ですか？

面接担当者の質問の意図

● 「自分のタイプや役割をしっかり理解しているか」を知りたい。理解している人は、働くイメージがつかみやすい。

● 「どういう部分をもって"器用"と判断するか」を聞きたい。

● 「どのように器用（不器用）に物事に取り組んでいるか」を知りたい。

あなたが伝えるべきこと

● 最初に器用なのか、不器用なのか、結論をはっきり述べる。どちらでも採用には影響しない。

● 「なぜ、自分が器用（不器用）なのか」の理由を明確に話す。

● 「物事への取り組み方」も具体的に話す。

OK回答例 1

　不器用だと思います。物事に熱中するあまり、周りが見えなくなってしまうことが少なくないからです。ひとつのことに集中すると、それを究めることが私の最大の目標となります。高校から現在までは、吹奏楽部でトランペットに熱中しています。そのため、困難な状況に陥ったときは、熱中するあまり考えすぎないように、紙に書き出したり、周囲に助言を求めたりすることで、できるだけ客観的に考えるように工夫しています。

この質問は、「器用」と「不器用」のどちらでも、採用に響くことはありません。重要なのは、「どのような特徴があるから、器用（不器用）と言えるのか」という「理由」。そこから、「特徴」や「役割」が見えます。この学生は、「物事に集中できる」という「特徴」があると言えます。

NG回答例 1

　器用だと思います。昔から彫刻が好きで、中学、高校と美術コンクールで入賞しました。大学ではこの特技を生かして、学園祭のオブジェを製作しました。手先の器用さを御社でも生かしていきたいです。

この質問で聞いているのは「手先の器用さ」ではありません。人間性としての「器用さ」です。集団面接などで、ほかの学生が例のような回答をしても、惑わされずに、自分の回答を話すことが大切です。

Q38 あなたは聞き上手ですか？話し上手ですか？

面接担当者の質問の意図

● 聞き上手か話し上手かと二択で聞くことで、「自分の**タイプ**や**役割**を
しっかり**理解**しているか」を判断したい。

● グループディスカッションでのポジションや役割、行動との一貫性を
確認したい。

あなたが伝えるべきこと

● 最初に聞き上手なのか、話し上手なのか、**結論**を述べる。

● 「なぜ、聞き上手（話し上手）なのか」の**理由**を明確に話す。

● 「得意分野なら話し上手、それ以外は聞き上手」など、ケースによっ
て変えるのではなく、普段の自分で考える。

OK 回答例 ❶

　聞き上手です。まず、相手がどのような考えなのかを
知ることから始めます。それは、部活で副キャプテンを
任された経験が影響しているかもしれません。自分の意
見を積極的に発信するというよりも、まずは部員の話を
聞くことで全体の調整を行い、全員が納得のいくような
運営を行いました。このような経験から、まずは相手の
話を聞き、考えを知ることで、自分がどう動けばよいか
考えるようになったのだと思います。

「なぜ聞き上手なのか」の「理由」を、具体的なエピソードを交え話すことで、面接担当者に伝わりやすくなっています。また、回答から、この学生は集団の中で「調整役」として力を発揮することも分かります。この質問では、集団内での「役割」についても見えてきます。

NG 回答例 ❶

　私は、家族や友人など気心の知れた人の前では、話し
上手です。しかし、初対面の人の前ではとても緊張する
ため、どちらかというと聞き役になることが多いと思い
ます。

これでは、話し上手なのか、聞き上手なのかよく分かりません。ケースで考えるのではなく、普段の自分のポジションや役割、行動を思い出して、どちらに当てはまるか考えましょう。

Q39　あなたは粘り強く、我慢強い人ですか？

面接担当者の質問の意図

- 「壁にぶち当たっても、我慢強く頑張れる人かどうか」を知りたい。どのように頑張れる人なのかも聞きたい。
- 「何かに粘り強く打ち込んだ経験があるかどうか」を知りたい。そこから、仕事でも粘り強く打ち込めるかどうかを判断したい。

あなたが伝えるべきこと

- 粘り強く打ち込んだ経験を具体的なエピソードを交えて話す。
- 打ち込んだ経験は好きなことや興味のあることでOK。
- 打ち込んだ経験に長さは関係ない。困難があったときに、我慢強く頑張れたかどうかが大切。

OK 回答例 ①

　我慢強く粘り強いです。大学では、サークル活動とボランティア活動を両立して行っていました。サークルでは練習がうまくいかなかったり、ボランティアでは人が集まらないなど、問題が生じることもありました。そんなときは、具体的な目標と対策を立て、困難を乗り越えてきました。たとえ途中で苦しい状況に陥ったり、うまくいかないことがあっても、決して諦めず、困難を乗り越えるための努力を惜しまない自信があります。

誰しも必ず「打ち込んだこと」があるはずです。その中には「粘り強く立ち向かった経験」もあるでしょう。この学生は、「どのように粘り強く打ち込んだか」まで具体的に話せているのが良いポイントです。回答から、「粘り強さ」とともに「計画性」も持っていることが伝えられています。

NG 回答例 ①

　あまり粘り強くないと思います。私は、今まで目立って大きな活動をしたこともありませんし、自信を持って「長く続けた」と言える経験もありません。ですので、これから御社で粘り強く働きたいと思っています。

「粘り強くない」はNGです。誰しも必ず「粘り強く打ち込んだこと」はあるはずです。「試験期間中は、何があっても勉強を優先し、良い成績を取った」なども粘り強く打ち込んだことと言えます。

Q40 あなたの大学の良さは何ですか？

面接担当者の質問の意図

● 「どのようなところを良いと思うか」、判断する視点が知りたい。

● 大学を「どのように感じ、受け止めているか」を知りたい。

● 「自分の所属する場所を"良い"と思えるかどうか」が聞きたい。

● 企業の良さにも気づけるかどうか、判断したい。

あなたが伝えるべきこと

● 大学での経験や肌で感じた「良さ」を具体的に話す。

● 学業の面だけでなく、サークルやゼミ、学生の特徴などでも良い。この部分から、視点や価値観も見えてくる。

● 大学を選んだ理由を話すだけでは NG。

OK 回答例 ①

　お互いが高め合える環境です。私の大学は、中学から内部進学で上がった人たちが全体の半分以上を占めます。そのせいか、中学からの校風がそのまま残っているように感じます。認め合い、高め合いながら過ごせるのが良い点です。例えば、友人が競争相手であっても、心からお互いを認め合うことで、高め合うことができます。そうすることで、必ず自分も成長できることを、中学、高校時代の経験から知っているのです。

回答例のように、「実際に大学内で生活しているからこそ感じられること」を話すのが大切です。この学生は、「学生の特徴」にスポットを当てることで、外からは見えづらい「良さ」を伝えられています。また、「人」に重きを置いて物事を見ているという「視点」も見えます。

NG 回答例 ①

　高校のころに今通っている大学を志望した理由は、「研究するための設備が整っている」、「専門的な知識が学べる」、「キャンパスに緑が多い」というものでした。実際に入学してみて、その通りだと思いました。

この質問は、高校のころの「志望動機」を答えるものではありません。3年間も通っているのですから、その大学で生活しているからこそ肌で感じられる「良さ」を伝えるようにしましょう。

Q41 あなたのこだわりは何ですか?

面接担当者の質問の意図

● 何かを考えたり、選んだりする際のあなたの「こだわり」を知りたい。

● 物事を判断する際に重視する部分や視点を知りたい。

● 「普段、どのようなことに力を入れているか」を聞きたい。

あなたが伝えるべきこと

● 何かを考えたり、選んだりする際の自分なりの「こだわり」を明確にして話す。

● 「こだわり」＝普段、自然に重視したり、力を入れていること。

● そのことが「こだわり」だと言える理由を具体的に話す。

OK 回答例 ①

　主体的に行動することです。人の意見や考えに流されるのではなく、自分がどのように考え、行動したいかという自分自身の意志を大切にしています。高校入学時、友人に誘われテニス部に入部しました。3年間これといった結果が出せず、「ほかの自分に合った部活を選ぶべきだった」と後悔しました。それ以来、主体的に判断し、行動することで、どのような結果でも納得がいくと考え、行動しています。

「こだわり」を明確に話し、その「理由」も具体的で、伝わりやすい内容になっています。また、この学生のように、「こだわり」の「理由」が失敗体験という場合もあると思います。ほかの質問でも、きっかけが成功体験ばかりとは限らないので、失敗から学んだことも素直に話しましょう。

NG 回答例 ①

　こだわりは人が着ていない服を着ることです。ファッションはアイデンティティーの一つだと思っています。私を表現する重要なアイテムだと思うので、人とかぶらないような格好をすることが私のこだわりです。

勘違いしやすい人も多いと思いますが、ここではファッションや食へのこだわりは聞かれていません。あくまで「考え方」に関してのこだわりです。答える前に、面接の意味を一度よく考えてみましょう。

Q42 休日はどのように過ごしますか？

☞ 面接担当者の質問の意図

● 「オンとオフの切り替えがしっかりできているか」を知りたい。

● 「どのようなことでリラックスできるかを分かっているか」を聞きたい。これは、働いてからもストレス発散できるかどうかにつながる。

● 「自由な時間をどのように使っているか」を知りたい。

☞ あなたが伝えるべきこと

● 「休日に、どのようにリラックスしているか」を素直に話す。

● 「なぜ、それをするのか」、理由や自分への良い効果を明確に話す。

● 休日の使い方は、仕事とのつながりがなくても OK。ただ、「リラックスしたことで、仕事をどう頑張れるか」まで話せるとよい。

OK 回答例 ❶

　心身ともにバランスの取れた生活を心掛けています。そのため、休日はできるだけリラックスできるようにしています。例えば、趣味のテニスに時間を費やしたり、好きなスポーツ観戦に出かけたりしています。普段の疲れがたまっているときこそ、リラックスしたり、ストレスを発散したりして、心身のバランスをリセットすることが大切です。勉強や仕事への集中力も高まり、また目標を達成する大きな力にもつながると思っています。

この回答からは、休日に「テニスやスポーツ観戦すること」で、学生自身にどのような「効果」があるかを明確に話せています。また、その「効果」が、仕事においてどう影響するかを話すことで、働き始めてからも、「健全な状態で仕事を頑張ってくれそうかどうか」も分かります。

NG 回答例 ❶

　寝られるだけ寝ています。普段、レポートを書いたり、遊んだりすると睡眠時間が減ることも多いので、予定のない休日は寝ることに時間を費やすことが少なくありません。起きたら夕方だったなんてこともありました。

例のように、ただ「休日をどう過ごしたか」を話すだけではダメです。例えば、「寝ることで、作業効率が上げられるので、休日は寝ます」など「理由」がはっきりしていれば、「寝ています」でも OK です。

Q43 あなたはコミュニケーション能力が高い方ですか?

面接担当者の質問の意図

● 「自分自身のコミュニケーション能力についてどのくらい理解しているか」を確認したい。

● 「コミュニケーション能力」をどのようにとらえているかを知りたい。

● コミュニケーションの取り方から、ほかの回答との一貫性を見たい。

あなたが伝えるべきこと

● コミュニケーションに関する経験を具体的なエピソードを交えて話す。

● 「コミュニケーション能力がある」という理由を明確に話す。

● 人とのコミュニケーションの取り方も話す。

● 基本的にはあいさつや YES・NO の反応が示せれば OK。

OK 回答例 1

　高いと思います。私が代表を務める天文学サークルは100名も在籍しているため、イベントを行ったりする際には、なかなか意見がまとまりません。しかし、中心となっている人の意見をメンバーに押し付けるのではなく、100名全員が納得できるまで話し合うことを大切にしています。その話し合いは、私がリーダーとなり進めています。皆が納得しているサークルだからこそ、退部する人がいないのだと思っています。

コミュニケーションの取り方を話すことで、「ある」と言える「理由」を伝えられます。「コミュニケーション能力」というと難しい気がしますが、人と会話ができれば「ある」と言えます。自信がない場合は、「ある方だとは思いませんが、」と前置きをして、できることを話しましょう。

NG 回答例 1

　コミュニケーション能力は低い方だと思います。人と話すことがあまり得意ではなく、自分から何かを発信するということが非常に苦手です。普段は聞き役に回ってしまうことが多いので、ある方だとは思いません。

「ありません」と言ってしまうと、面接担当者は面接自体ちゃんと行えるか不安になります。この学生の場合、「聞き役になる」ことでコミュニケーションが取れているので、そこをアピールするべきです。

Q44 体力には自信がありますか？

面接担当者の質問の意図

- 「健康的な生活を送っているかどうか」を知りたい。
- 「健康管理をしっかり行っているか」を知りたい。健康管理ができていれば、働き始めてからも、休むことが少ないと予想できる。
- 「新人らしく活躍できそうかどうか」を判断したい。

あなたが伝えるべきこと

- 「健康的な生活が送れていること」を具体的に話す。企業側は、人並みはずれた体力を求めているわけではない。
- 入院した経験などがある場合は、「今では完治しています」など、日常生活が送れていることを話せばOK。

OK 回答例 ①

　体力には自信があります。私はスポーツクラブでインストラクターのアルバイトをしています。週3日、平均6時間ほど、お客様の指導に当たっています。指導するのは、指導を受ける側以上に体力を使います。それでも、この3年間一度も休んだことはありません。そして、小学校のころからずっと無遅刻、無欠席です。このように体力があるのも、できる限り、規則正しい生活や食生活に気をつけているからだと思います。

「体力がある」と言える「理由」が具体的に話せています。回答にもありますが、忘れがちな具体例が「皆勤賞」。たった1年でも休んでいない経験があれば、エピソードに使いましょう。また、「学業とアルバイトを両立していたが、3年間続けられた」などもアピールになります。

NG 回答例 ①

　体力には自信がありません。高校時代のマラソン大会での順位は、下から数えた方が早かったですし、今も運動するとすぐにバテてしまいます。体力をつけるために、筋トレなどで改善していこうと思っています。

この質問では、「普段、健康的な日常生活を送れているか」ということを聞いています。激しい運動に耐えられる体力を求めているわけではないので、質問の意図をくみ取って、回答するようにしましょう。

Q45 就職活動で心掛けていることを教えてください。

面接担当者の質問の意図

- 「どのような活動をしているのか」を知りたい。
- 就職活動を行ううえで「重視している部分」や「気持ちの持ち方」から、「視点」や「特徴」を見たい。
- その活動方法を行う「理由」から、ほかの回答との一貫性を見ている。

あなたが伝えるべきこと

- 就職活動を行ううえで、自分が大切にしていることを具体的に話す。例えば、「計画的に物事を進める」「企業研究をしっかり行う」など。
- 過去の経験と組み合わせて、「なぜ、そのことを重視しているか」の理由を明確に話す。

OK 回答例 1

　活字からの情報に頼るのではなく、自分の時間を使い、自分の目で確かめ、いろいろなことを肌で感じるようにしています。今までも部活や大学、アルバイトを決める際に、活字や人の話を聞くだけで結論を出さず、自ら足を運び、直接その現場を見て選んできました。だからこそ、自分の決めたことに対して責任が持てるのだと思います。ですから、就職活動でも、自ら足を運び、肌で感じることを心掛けています。

この学生は「直接肌で感じること」を心掛ける「理由」を、具体的なエピソードを交え、分かりやすく話せています。過去のエピソードを交えることで、自分自身でも「何を心掛けているか」が再認識できるはずです。就活全体において大切なことなので、改めて自問自答してみましょう。

NG 回答例 1

　身だしなみやマナーがしっかりしているかに注意しています。就職活動は、社会人になるための第一歩です。初めて会う方に失礼がないか、気持ちの良い対応ができるか注意することは、社会人として当然のことだと思います。

この質問では、就活に対しての「考え方」や「取り組み方」を聞いています。例のような、当然誰もが気を遣う表面的な部分は聞いていません。見た目だけでは分からない、内面の部分をアピールしましょう。

面接前は、どんな準備をすればいい？

　よく聞かれる事柄について、自分なりの解答を考えておくことが大切です。それ以外にも、面接前には準備しておいた方がいいことがあります。十分に準備をしておけば、面接本番も自信を持って臨めるはず！面接準備のポイントを教えます。

ポイント ① 提出したエントリーシートを読み返す

　面接準備の基本。面接では、エントリーシートに書いた内容を詳しく聞かれるので、よく読み返しましょう。ちなみに、面接でエントリーシートと異なる内容を話しても構いませんが、その場合は必ずその理由も述べること。

ポイント ② 新聞やニュースに目を通しておく

　面接では、時事問題も出題されます。就活は社会人への第一歩と考えると、ニュースや新聞を見ておくことは必要です。新聞を読み慣れないという人は、まずは自分の興味のあるニュースだけでもしっかり読みましょう。

ポイント ③ 面接会場の確認をして遅刻防止

　ただ確認するだけでなく、できれば、事前に実際に足を運んでおきましょう。会場の地図が分かりにくく、ほかの学生が迷って遅刻する中、事前に足を運んだ学生のみが時間通りに到着し、内定を勝ち取ったケースも！

ポイント ④ "模擬面接" で本番の練習をしておく

　面接を受けるときは、緊張してしまうもの。事前の練習で、緊張を軽くすることができます。友達同士で質問をし合ったり、就職課などを利用するのも一つの方法。練習が終わったら、自分の人物像が伝わったかどうか確認を。

ポイント ⑤ 前回の面接を振り返り、次に生かす！

　何度か面接を受けている場合は、前回の面接を振り返ることが大切。実際に話してみて、「この言い方では伝わっていなかった」、「この表現は分かりにくい」など気づくことがあるはず。その気づきを、次の面接に生かしましょう。

志望動機・企業に関する
質問の意図と回答例

この章では、面接でよく聞かれる質問である「志望動機」と「応募企業のこと」について
解説します。応募企業について聞かれたことに答えるには、業界研究・企業研究が必須。
これらをおろそかにしていると、たとえ面接担当者の質問の意図を理解していても
的確な返答ができません。まずはしっかり準備してから面接対策に取り組みましょう。

Q01 当社を志望する理由は何ですか？

面接担当者の質問の意図

会社のことをしっかり理解したうえで、志望しているかどうかを確認したい。

- 「なぜ、この会社を志望したのか」という理由を知りたい。
- 志望動機を練るのに必要な「企業研究」「業界研究」をしっかり行っているかを確認したい。
- 同業他者ではなく、なぜ当社なのかを知りたい。
- 会社に対する熱意や意欲を見たい。
- 「どのような部分に興味を持ったのか」を聞きたい。

あなたが伝えるべきこと

「なぜ、その会社で働きたいのか」という理由を、できるだけ具体的に伝える。

- 「その会社で働きたい」理由を具体的に話す。
- 「他社にはないサービスに感動して興味を持った」「この業務体系があるから働きたい」など、会社の具体的な特色を挙げるのも良い。
- 「どのような仕事をしたいのか」も盛り込む。
- 「会社の中で、自分の良さや能力をどのように生かせるか」も話す。
- 深く企業研究を行っていれば、その会社だけの志望動機が話せるはず。

OK 回答例 ①

　私は部活での副部長の経験を通じて、「縁の下の力持ち」という役割にやりがいを感じてきました。この経験から、社会基盤を支えるためのモノ作りを行っている御社で働きたいと思いました。また、御社がエネルギー問題や環境問題にかかわる製品を多く保有することを知り、これからの社会を支える事業を手掛けている点にも魅力を感じています。さらに、社員の方から長いスパンの仕事が多いと聞き、私の粘り強い点を生かせると考えました。入社後は、御社を支える新エネルギーや環境問題に携わっていきたいと思っています。

「縁の下の力持ち的な役割」や「粘り強さ」など、学生自身の「特徴」と「志望理由」のつながりを話せており、説得力があります。また、「将来的にやりたいこと」を具体的に話せているので、この会社でできることを理解していることが伝えられます。

OK 回答例 ②

　商品面で他社との差がない金融業界では、人間性を磨き、お客様の信頼を得て、初めてご契約をいただくことができると思います。お客様に一番身近な窓口を持つ銀行業務の中でも、御社の「チャネル・トゥ・ディスカバリー・プラン」に基づいた、グループ内の連携が取れている部分に魅力を感じました。私はアルバイト先でも、かかわる人や部署が連携して業務を行うことで、成果が出ることを見てきました。だからこそ、御社の業務方針にはとても共感していますし、私の根気強さを生かして、お客様との信頼関係が築けると思いました。

過去の経験と志望理由をつなげることで、「なぜその部分に注目したか」の根拠が明確になります。また、同業他社との違いを、学生なりの解釈で話せているところも良いポイント。「この会社でないとダメ」と伝えることが重要なので、その会社だけの「特色」や「良さ」を見つけましょう。

NG 回答例 ①

　志望する理由は、御社がお客様を第一に考えたサービスを提供しているからです。私は、コンビニエンスストアでアルバイトをしています。お客様あってこその仕事なので、「レジが混まないように」など、何よりも第一にお客様のことを考えるよう意識しています。私の考えと御社の理念は一致すると思うので、ぜひ働きたいです。

回答例のような、どの会社でも通じるありきたりな内容では、アピールにはなりません。その会社だからこその「特徴」や「良さ」を理解することは絶対条件です。そのためには、パンフレットやウェブサイトを見るだけでは NG。訪問など、深く企業研究をする必要があります。

75

Q02 あなたの会社選びの基準は何ですか？

面接担当者の質問の意図

会社を選ぶうえで重視している「視点」や「軸」を、ストレートに聞いている。

- 「どのような考え方や軸を持って企業を選択しているのか」を知りたい。そこから、特徴や人間性も見たい。
- 「自分が重視している軸を理解している人かどうか」を確かめたい。
- 会社選びの真剣さを確認したい。「自分がその会社で働くことを意識しているかどうか」を探りたい。
- 「企業研究・業界研究をどのくらい行っているか」を知りたい。

あなたが伝えるべきこと

会社を選ぶうえで重視している「視点」や「軸」を、自分なりの言葉で、具体的に伝えることが大切。

- 会社選びの考え方や視点を具体的に話す。
- 自己分析や企業研究・業界研究を行ったり、先輩訪問や会社説明会に行くことで、選択基準は固まってくる。それを具体的に伝える。
- 必ずしも業界を絞る必要はない。例えば、選択基準が「チームワークを大切にする会社」「社会に貢献できる会社」などであれば、業界は違ってもおかしくない。
- 過去の「物事を選択した経験」を交えると伝わりやすくなる。

OK 回答例 ①

「職場の仲間同士で切磋琢磨しながら、自分を高めていける環境かどうか」です。なぜこのように思うのかというと、高校時代のテニス部や、大学時代のテニスサークルでの経験があるからです。部活やサークルでは、仲間全員が同じ目標を持ち、みんなで刺激し合い、そして、ときには切磋琢磨しながら取り組むことができたからこそ、公式戦で優勝するなどの、いい結果につながったのだと思います。今後も同じような環境で仕事をすることができれば、必ず目標や目的を果たせる自信があります。自分にとって働く環境はとても大事だと考えます。

この学生は、過去のサークル活動での経験をもとに、選択基準を話しています。こう話すことで、説得力も生まれ、学生が重視していることが「職場の環境」だということも分かります。このように、選択基準には過去の経験とのつながりがあるはずです。自分を振り返ってみましょう。

OK 回答例 ②

「社員が一丸となり仕事に取り組んでいるかどうか」です。私は、居酒屋でアルバイトをしています。居酒屋でお客様を増やすキャンペーンを行った際、アルバイトも社員も一丸となり、新規のお客様の獲得に取り組みました。街角でチラシを配ったり、ホームページでクーポンを提供したりと、新しいお客様に来ていただけるように工夫をしました。その結果、目標数の倍以上の新規のお客様を獲得することができました。入社後も、みんなで同じ目標に向かって取り組み、目標を成し遂げることで達成感を味わいたいと考えます。

アルバイトとはいえ、実際に働いた経験を話すことで、「社員が一丸となる」ことがなぜ選択基準になったのかの「根拠」が分かります。「根拠」が話せていない回答は、抽象的な内容になってしまい、何をアピールしたいのかが分からなくなります。そして、印象も薄くなってしまいます。

NG 回答例 ①

会社を選ぶ基準は「採用方法」です。私は昔から、学力などの成績で人を判断することに疑問を感じてきました。それは、人は成績で測れるものではないと思っているからです。筆記試験や SPI などを実施しない会社であれば信頼できると思い、書類選考や面接だけで選考を行う会社を選んで受けています。

「採用方法」は内定が決まるまでのステップに過ぎません。この質問で「採用方法」と答えることは、「内定を獲得することが目的で、働くことは考えていない」と受け取られます。会社側はしっかりと働くビジョンを持っている学生を欲しがっているので、社風や仕事内容などに言及しましょう。

Q03 この会社でどのような ことをしたいですか？

面接担当者の質問の意図

「この会社でやりたいことが具体的に見えているかどうか」
で、会社に対する熱意や意欲を探りたい。

- 「この会社で働くイメージがわいているかどうか」を確認したい。
- 会社に対する熱意や意欲を探りたい。
- 会社でやりたいことを具体的に話せるかどうかで、「企業研究や業界研究をどのくらい行っているか」を確認したい。
- 「企業でどのような力を発揮できるのか」を知りたい。
- 「自分のやりたいことや目標が見えているかどうか」を確認したい。

あなたが伝えるべきこと

「この会社でやりたいこと」の具体的な内容を、
自分の特徴や良さの生かし方とともに伝える。

- この会社でやりたいことを、具体的に、ある程度詳細に話す。
- 具体的に話すためには、企業研究・業界研究をしっかり行って、企業や業界についてよく理解しておくことが必要。
- 自分が発揮できる能力について、具体的に話す。
- やりたいことは入社後すぐのことでも、何年か後のことでも OK。
- 抽象的なことではアピールにはならない。

OK 回答例 ①

　入社後は、まず SE として業界知識・専門技術を身に
つけ、将来的に営業を担当したいです。私には、お客様
の信頼を得るために、その方の思いや悩みを知り、最適
な商品を提供したいという、仕事選びの軸があります。
そのために、まずは専門知識を身につけ、その後、お客
様と SE をつなぐ営業を担当したいと思っています。学
生時代は、主にサークル活動で、仲間とともに問題を解
決しながら成果を出すことに注力しました。仕事におい
ても、お客様の要望に応えるため、周囲と連携し、魅力
的な商品を提供できる営業を目指したいです。

入社から数年後までのキャリ
アビジョンが具体的に話せて
います。「この会社では、ど
のようなキャリアビジョンが
描けるか」を理解していない
と話せない内容です。また、
学生時代の経験から、自分の
頑張れることを明確に話すこ
とで、働くイメージを持って
いることが分かります。

OK 回答例 ②

　入社後は、まず小売業の各店舗やカード・小売関連サー
ビスの現場を経験し、将来はビジネスの点から御社の経
営に貢献していきたいです。小売にかかわるすべての仕
事を自前で行っている点は、私の仕事選びの軸である「多
くの人たちと一つの目標に向かって協力していきたい」
という思いと通じると思います。自前で行うことで、仕
事の幅が広がると同時に、全員で協力しなければ成功し
ません。私は、部活の経験から、チーム全員で目標に向かっ
て取り組み、達成することにやりがいを感じます。仕事
でも、多くの人たちとともに取り組んでいきたいです。

この学生は、会社の業務内容
から、やりたいことやそのた
めの働き方まで明確に話せて
います。回答例のように、「○
○という業務を行っているか
ら、△△のような働きができ
ると思う」のような話し方は
伝わりやすいですが、会社の
ことをしっかり理解していな
いとできない回答方法です。

NG 回答例 ①

　私は御社で、世の中に役立つような製品を作っていき
たいと思っています。いままで消費者の立場から、御社
の製品に感動させられることが多くありました。だから、
私も感動を届けられる仕事をしたいと思っています。そ
のために、何度も感動をもらった御社で、人のためになる、
感動させられる製品作りに励みたいと思っています。

回答例のような内容は、どの
会社にも通じるものです。こ
の質問に対しては、「この会社
だからこそ」という「理由」
が必須です。また、やりたい
ことだけを話すのではなく、
「そのために自分に何ができる
のか」も話すことで、その会
社で働くことをイメージでき
ていることが伝えられます。

Q04 当社の課題は何だと思いますか？

面接担当者の質問の意図

- 「会社のことをどれだけ理解しているか」を知りたい。企業研究・業界研究をしていないと、課題は見えてこない。
- 「会社に対する志望度がどのくらい高いか」を確認したい。
- 提案した課題によって、あなたの視点や価値観を見たい。

あなたが伝えるべきこと

- 学生の視点で感じた課題を話す。
- 課題を感じた理由や具体的なエピソードも明確に話す。
- 課題がないと感じたら「ありません」で OK。「だからこそ入社したい」や「良い部分を伸ばしてほしい」など、理由を話すとより良い。

OK 回答例 ①

　御社は、20代人気のある商品を開発され、業界でもナンバーワンの会社ですが、他社との差別化が難しくなってきていると思います。その中で、御社の強みを生かした別の切り口でのナンバーワン戦略が必要だと思います。例えば、高齢化が進む中で、時代に負けない商品の開発が必要だと感じました。私の計画的に行動できる良さを生かし、5年後、10年後に必要とされる商品を考えていくことができればと思います。

あくまで学生の立場として商品やサービスに触れ、感じた課題を話す方が良いでしょう。この学生は、「消費者が求めている商品」を考え、課題を提示しています。また、「課題を見つけ出す」ことよりも、「会社の現状を理解しているか」を測る質問ということも覚えておきましょう。

NG 回答例 ①

　御社の住宅の建て方です。ほかの住宅メーカーで行っている建て方を、御社ではまだ行っていないと思います。あの建て方を取り入れることで、ますます発展するとともに、お客様の信頼を得られると思います。

社員ではないので、専門的なことを無理に話す必要はありません。「本当に自分の考えかな?」と疑問を持たれかねません。また、あまり否定するのも逆効果。「なぜ入りたいんだ?」と思われてしまいます。

Q05 当社のホームページを見て、何が一番印象に残っていますか？

👆 面接担当者の質問の意図

- 「会社の情報を取り入れる努力をしているかどうか」を確認したい。
- 「どのようなことに対して興味を抱くのか」を聞きたい。そこから、「物事をどのように見て、感じ、何を重視しているか」を知りたい。
- 物事を判断する際の視点や軸を見たい。

👆 あなたが伝えるべきこと

- ウェブサイトを見て、興味や面白さを感じたことを具体的に話す。会社が売りにしているところでなくても良い。
- 「なぜ、そこが印象に残ったか」の理由も必ず話す。過去の経験などと結びつけると伝わりやすい。

OK 回答例 ❶

　個人向けのネットショッピングコンテンツです。会社を相手にビジネスを行っている御社からは考えられませんでした。しかし、今はインターネットで買い物をする人もとても多くなっているので、今後、個人の利用客が増えれば大きな利益を生むことも十分考えられると思いました。景気が低迷しているときだからこそ、今までとは違った視点で物事を考えたり、新たな挑戦を試みることが必要だと感じました。

「なぜ、ネットショッピングに注目したのか」の「理由」が明確に話せています。このほかにも、「お客様の入口になる部分だから、見やすいのが良い」と、「見やすさ」などの業務とは別の部分に注目するのも良いでしょう。同業他社のホームページと見比べて、違いを伝えるのも OK。

NG 回答例 ❶

　「顧客満足度第1位」という部分です。業界の中で最も信頼されている会社である証ですし、私はそんな御社で働けたら誇りになることは間違いありません。私にとっては、その部分が最も印象的でした。

ただ「会社が売りにしているから」という理由だけで、目立つ部分を取り上げると、理由が浅くなるので注意。「お客様との信頼関係が第一だと思うので」などの「理由」があれば良いです。

Q06 説明会を通して、当社にどのようなイメージを抱きましたか？

面接担当者の質問の意図

- 「説明会でどのような印象を持ったか」を率直に聞きたい。
- 「会社の特徴や方針について理解できているかどうか」を確認したい。
- 「会社説明会に参加することで、どのようなことに気づいたか」を聞くことで、物事を見る視点や考え方の軸を知りたい。

あなたが伝えるべきこと

- 説明会に参加して感じたことを具体的に話す。
- 「なぜ、そのように感じたか」の理由を明確に話す。
- 説明会の前に会社の業務や規模を把握していると、気づくことも多くなる。説明会に参加する際は、事前の準備も必要。

OK 回答例 1

　「全員が一丸となって目標に向かって頑張っている」という話が印象的でした。そして、説明会会場の十数名の女性社員の方々がとても生き生きしていることも魅力的でした。私は、学生時代にボランティア活動に力を入れていました。そのメンバーが一丸となり、取り組んだからこそ、人のためになるボランティアを行うことができたと思っています。ですから、御社の社員が一丸となって目標に向かっている姿には大変共感しました。

ただ「生き生きとしていた」だけでなく、「社員が協力できているから」と学生なりの理由を話せているところが良いです。ほかにも、説明会前に会社の業界内の位置を知ってから説明会に参加することで、他社との違いや、その企業ならではの努力が見えてくるはずです。

NG 回答例 1

　社員の方々がすごく親切で、説明会の前に思っていた通り、とても人を大切にしている会社なんだなと改めて思いました。私も御社で働くことができたら、誰に対しても親切に、優しさを持って接していきたいです。

説明会の前に企業のことを調べておかないと、このような薄い内容に。「チームワークを大切にする御社は、人も大切にしていると感じた」など、企業の特徴につながる理由を述べましょう。

Q07 当社の企業理念は覚えていますか？

面接担当者の質問の意図

- 「企業情報の細部まで見ているかどうか」を聞くことで、会社への志望度合いや熱意を確認したい。
- 素直さや正直に本当のことを言う勇気があるかを確かめたい。
- 「覚えているかいないか」が採用に影響することはほとんどない。

あなたが伝えるべきこと

- 企業理念をそのまま伝える。
- 覚えていない場合は、素直に「覚えていません」と言う。
- 覚えていない場合は、「ほかの部分が印象に残っていて…」と、企業理念以外に印象に残っている部分のことを話す。

OK 回答例 1

　覚えています。「ワールドワイドなビジネス・プラットフォームを生かし、顧客目線に立ったビジネスを」です。「顧客目線に立ったビジネス」という言葉が印象的で、だからこそ、多くの方から支持されているのだと強く感じました。

この質問には、覚えていることや聞かれたことを、簡潔に答えるべきです。長々と答える必要はありません。多くの場合、回答の後に「企業理念についてどう思いますか？」などの質問がくるので、企業理念について理解したうえで、自分なりの考えを持っておくことは大切です。

類似の質問

- 当社の事業目的を覚えていますか？
- 当社の社長の名前は覚えていますか？
- 毎週木曜の19時から放送している番組は分かりますか？（テレビ局など）

どの質問も覚えているに越したことはありませんが、覚えていない場合は素直に「覚えていません」と言いましょう。そこで「覚えています」と言っても、すぐにウソだとバレてしまうので逆効果です。

Q08 当社の良さはどこだと思いますか？

👆面接担当者の質問の意図

● 「会社のことをどこまで理解しているか」を知りたい。

● 「会社のどこに魅力を感じているのか」を知りたい。そこから、視点や価値観を見たい。

● 会社に対する熱意や意欲を見たい。

👆あなたが伝えるべきこと

● 最も良いと思う部分を伝える。それは、あなたがその企業で働きたいと思う理由でもあるはず。

● 「なぜ、その部分を良いと思うのか」の理由を具体的に話す。

● 良い部分と関連してやりたいことも伝えられるとより良い。

OK 回答例 ❶

　御社の良さは、「団結力」だと思います。社員の方々のお話を聞いたり、実際に店舗を訪れ社員の方々に接して感じたことです。社員の方々が皆、会社の理念や目標に共感して働いているからこそ、団結力が生まれるに違いありません。どんな辛いときも苦しいときも、団結力があればどのような壁も乗り越えられると思います。それは、私自身が学生時代の部活の経験からも感じていることです。

この学生は、「団結力」だと感じた理由を、実際の経験をもとに、具体的に話せています。また、「良さ」を一つに絞っているのも良いポイントです。志望しているので、「良いと思う部分」はたくさん挙げられると思いますが、一つに絞ることで、話がまとまり、伝わりやすくなります。

NG 回答例 ❶

　社員食堂があるところです。お昼休みなどは、社員同士の絶好のコミュニケーションチャンスだと思います。社食があることで、その機会もぐっと増えると思います。入社した際には、ぜひ、活用したいと思います。

ここで環境や設備のことを話すのはNG。「質問の意図を理解していない」と受け取られます。この質問では、会社の一員として働くうえで重要になる「働き方」や「業務内容」について聞いています。

Q09 この業界を志望する理由は何ですか？

面接担当者の質問の意図

● 「なぜ、この業界と当社を志望しているのか」の理由を知りたい。

● 業界に対する熱意や意欲を見たい。

● 「この業界でどんなことをしたいのか」という、具体的な展望を持っているかどうかを確認したい。

あなたが伝えるべきこと

● 「なぜ、この業界を志望するのか」の理由を具体的に話す。反対に「なぜ、ほかの業界ではダメなのか」を考えると理由を見つけやすい。

● 活字からの情報に頼らず、自分の時間と足を使い、いろいろなことを肌で感じることが必要。例えば、店舗見学やショールーム見学など。

OK 回答例 ①

　教育業界を志望するきっかけになったのは、大学時代の塾講師のアルバイトです。生徒が志望校に合格するためにはどうすればいいかを考えてきました。塾の教材だけでは不得意科目の点数を上げることは難しかったので、オリジナルの問題を作ったり、教材を集めました。その結果、ほとんどの生徒が志望校に合格できたのです。そこでもっと親切な教材、レベルに合わせた教材の開発に携わりたいと思い、教育業界を志望しました。

回答例のように、経験をもとに志望理由を話すと、説得力が増します。また、「業界」の場合、「会社」よりも広い視野が必要になります。この学生は、教材集めの中でさまざまな教育関係の会社を知り、課題を見つけたことが分かります。このように業界全体に触れることが大切です。

NG 回答例 ①

　私がアパレル業界を目指す理由は、社会を動かすことができる可能性に溢れているからです。トレンドを生み出すこと、社会現象を巻き起こすことが可能な業界だと思います。私がいつか社会を動かしてみせます。

回答には、「この業界だからこそ」という理由が必要不可欠です。この回答例だと、複数の業界で通じる理由になっています。これでは、「この業界じゃなくてもいいよね」と言われてしまうかもしれません。

85

Q10 同業他社ではなく、なぜ当社を選んだのですか？

👉 面接担当者の質問の意図

- 「なぜ、この会社を選んだのか」の理由を具体的に知りたい。
- 「会社独自の良さ、また他社との違いをしっかり把握できているか」を確認したい。
- 「同業他社ではなく、この会社でやりたいことは何か」を知りたい。

👉 あなたが伝えるべきこと

- 「なぜ、この会社を選んだのか」の理由を明確に話す。他社ではなく、「なぜこの会社なのか」を考える。
- 企業研究・業界研究をして、同業他社との比較をしておくことは必須。やりたいことも明確に。

OK 回答例 ①

　「世界一の企業」を目指す御社が魅力的だからです。この業界の中でナンバーワン企業であることは、それだけ期待も大きく、また目標や目的も大きいに違いありません。そんな御社で、私自身の強みである粘り強さを生かすことができれば、自分が成長できるだけではなく、会社や業界全体、ひいては国にも何かしらの貢献ができるのではないかと思うと、楽しみでなりません。私の力を存分に生かせると信じています。

この学生は、「ナンバーワン企業だから」だけでなく、「そこで何ができるか」まで具体的に話せています。もし、志望企業がナンバーワンでない場合は、ナンバーワン企業との比較も大切です。「ナンバーワンに対抗するために行っていること」が、その会社の「特徴」という場合が多いのです。

NG 回答例 ①

　ほかの会社も調べたのですが、B社ではまだ育児休業制度が整っていません。また、C社で行っているプロジェクトは私の考えと一致しませんでした。このように調べていく中で、御社が最も合うと感じました。

この質問は「この会社に入社したい理由」を話せば十分です。わざわざ他社を引き合いに出す必要はありませんし、他社を批判することは論外。他社に関しては、聞かれた場合だけ答えましょう。

Q11 他社と比べて、当社の志望順位を教えてください。

面接担当者の質問の意図

● 会社に対する**熱意**や**意欲**を見たい。

● 「**本当に入社する意志があるかないか**」を確認したい。

● 「**この会社で働くことに、迷いがないかどうか**」、会社への志望度の高さを知りたい。

あなたが伝えるべきこと

● 躊躇(ちゅうちょ)せずに「**第一志望です**」と答える。

● 第一志望ではない場合も「**第一志望群です**」と答える。

● 迷わずはっきり答える。回答に迷った時点で「入社する意志がない」と見なされる可能性がある。

OK 回答例 1

・単独第一志望です。自分の良さが生かせるのはもちろんですが、私の最終的な目標が達成できるのは御社以外にはないと考えるからです。

・第一志望群です。御社を強く志望しておりますが、それと同じくらいこの業界に魅力を感じております。この業界に携わることで、今まで学んできたことが生かせて、達成感を味わうことができると確信しています。

第五志望までなら「第一志望です」と答えましょう。また、第一志望とは言えない会社でも「第一志望群です」と答えるのも一つの方法です。面接を受けているわけですから、たとえ志望順位は低くても、その会社で働く意志があることを、しっかり伝えたいものです。

NG 回答例 1

現在、いくつかの会社の選考中なので、第一志望は特に決めていません。選考を行う中で、自分にぴったり合うなと思える会社が見つかればと思っています。ですから、特にはまだ決めていません。

内定を決めるのはあくまで会社側であることを忘れてはいけません。「入社意志がある」と伝えることに努めましょう。自分の立場を理解していれば、「第一志望です」と答えられるはずです。

Q12 10年後、当社で何をしたいと思いますか？

面接担当者の質問の意図

- 10年後、20年後と、「将来のビジョンを持って就活を行っているかどうか」を知りたい。
- 「その目標のためにすべきことを理解しているか」を聞きたい。
- 「この会社で働くイメージがわいているかどうか」を確認したい。

あなたが伝えるべきこと

- 10年後にやりたいことを、具体的なポジションや業務内容を交えて話す。そのためには企業研究が必要不可欠。
- 目標達成のためにどのような努力が必要かを具体的に話す。
- やりたいことと自分の特徴や良さをつなげて話すと説得力が増す。

OK 回答例 ①

　チームリーダーとして責任のあるポジションで仕事をしたいと思っています。入社後はいくつかの部署で仕事を行い、会社全体を把握していきたいと考えています。そして、10年後にはリーダーとして部署を引っ張っていきたいです。私はリーダーシップを発揮することで、より責任感を持って取り組むことができます。その責任感を生かし、目標を達成したり、会社のために貢献できるような人間になりたいと考えています。

この回答は、「10年後にはリーダーというポジションになれる」という知識がないと答えられません。また、「リーダーシップ」という「特徴」を生かせると伝えられているのも良いです。「リーダーになって何をしたいか」が具体的になると、さらに良い回答となります。

NG 回答例 ①

　部下に信頼される先輩になりたいです。10年後には店長として自ら率先して働くことで、部下の見本となりたいです。また、口先だけでなく自ら動くことで、部下からも信頼されるような先輩になれると思います。

この例では、目標が抽象的すぎてイメージがわきません。また、この会社では10年後に店長になるのが当然だとしたら、「店長になりたい」という回答は、「会社を理解してない」と取られてしまいます。

Q13 入社後はいくつかの資格を取得していただきますが大丈夫ですか？

面接担当者の質問の意図

- 業界・企業研究ができているか。
- 資格取得に対する意欲と熱意。
- 今まで資格を取得するにあたって、どのような取り組み方をしてきたのか知りたい。

あなたが伝えるべきこと

- 簡単に取得できる資格ではないため、どのように取り組むことができるのか、過去の経験を交えながら具体的に伝える。
- 資格取得に対する意気込み。

OK 回答例 ❶

　必ず期限までに取得するようにします。〇〇資格を取得するには、自分の苦手な分野を把握して、対策を立てることが重要だと思っています。昨年取得した英語検定1級も苦手なリスニング対策を計画的に行いました。そうすることで、苦手分野が克服でき、結果が出せると思っています。

資格取得を通じて、入社することへの意欲を伝えている点が評価につながります。また、資格を取得する際、自分なりの対策方法を持っていることも、相手に安心感を与えます。

NG 回答例 ❶

　まずは頑張ってみたいと思いますが、〇〇資格は私の苦手分野なので正直自信がありません。かなり時間がかかる可能性があると思っています。

苦手分野であることを正直に伝えるときは、苦手なことをどのようにして克服するのかも合わせて伝えるようにしましょう。

Q14 希望していない部署に配属された場合、どうしますか？

面接担当者の質問の意図

● 会社に対する**熱意**や**意欲**を聞きたい。

● 希望している部署だけでなく、「この会社に魅力を感じているか」を知りたい。

● 希望とは違う部署に配属された場合、「どのような考え方で仕事に取り組むのか」を確認したい。

あなたが伝えるべきこと

● 部署ではなく、**会社に対する熱意や意欲**を話す。会社に魅力を感じたのなら、どの部署でも頑張れるはず。

● 「困ります」「ほかの部署は無理です」ではなく、前向きな回答を。

● 希望する部署がある場合は、「将来的には…」と長いスパンで考える。

OK 回答例 ①

　希望していない部署であったとしても、一生懸命仕事に取り組む自信があります。それは、仕事内容に魅力を感じただけではなく、それ以上に御社の企業理念や顧客への誠実さに魅力を感じて志望しているからです。また、会社全体の目標は同じだと思うので、会社の一員として、その目標のためならどの部署でも頑張れます。将来的には、希望する営業部へ行き、それまでの経験を生かしていきたいです。

この回答例は、模範的な回答です。部署ではなく「会社への熱意」を話すことで、入社意欲が高いことも伝えられます。入社して早速行きたい部署に配属されるということはほとんどありません。「どのような状況でも頑張れる人」を会社が求めていることを、忘れないようにしましょう。

NG 回答例 ①

　私は商品企画をしたいです。そのために御社を志望しました。御社の商品に何度となく感動をもらった経験があるからです。私もそのような商品を作っていきたいので、商品企画以外の部署には興味がわきません。

会社はさまざまな部署が集まっている組織です。入社前から「他部署はダメ」と言ってしまうのは当然 NG。ただ、「将来的には商品企画で力を発揮したい」など、目標を伝えるのは OK。

Q15 転勤は大丈夫ですか？

面接担当者の質問の意図

● 会社に対する**熱意**や**意欲**を聞きたい。

● 「働く環境について、しっかり理解しているかどうか」、また「しっかりと働くイメージが持てているか」を知りたい。

● 率直に「転勤に関して、どのように考えているか」を知りたい。

あなたが伝えるべきこと

● できるだけ前向きな回答を。事前に企業研究ができていれば、「転勤があるかどうか」は分かっているはず。

● 「なぜ、転勤は大丈夫なのか」の**理由**も話す。ここで自分なりの理由を話すことで、自分の「人間性」や働き方もアピールできる。

OK 回答例 ①

　大丈夫です。働く場所がどこであれ、御社で仕事ができることに喜びを感じます。

　また、転勤することで、御社のいろいろな面が見えて、より御社のことを理解して働くことができるように思います。私の長所は柔軟性です。どのような環境に置かれても、変化に適応し、対応することができると思っています。転勤で新しい環境に置かれても、力を発揮して、御社に貢献できる自信があります。

「転勤によって会社のことを理解できる」という考えを話すことで、「環境から何かを学ぶことができる人間」ということが分かります。また、自分の「特徴」を交えることで、転勤に抵抗がなく、働く意志も固いということがうかがえます。「理由」から「人間性」も見えるのです。

NG 回答例 ①

　転勤は困ります。私は本社で活躍することが目的ですし、すべての発信地は東京にあると思っています。また、住み慣れた環境でこそ力も発揮できると思うので、転勤は正直困ります。

もっともらしい理由を述べていますが、「転勤できない」と言った時点で会社側は「なんで転勤がある当社を受けたんだ？」と思ってしまいます。転勤があるかないかは調べれば事前に分かることです。

Q16 内定をもらったらどうしますか？

面接担当者の質問の意図

● 「内定を取った場合に、就活を続けるかどうか」を知りたい。

● 会社に対する志望度合いや熱意を見たい。

● 「今後の就活のスケジュールをどのように考えているか」を知りたい。計画性があるかどうかも分かる。

あなたが伝えるべきこと

● 「就職活動を辞めます」と答えるのが理想的。面接の時点での気持ちを正直に伝えましょう。

● 「この会社に全力を注いでいる」という熱意を伝えたい。

● 今後の就活の見通しを立てておく。

OK 回答例 1

就活を終えたいと思います。そして、現在選考が進んでいる会社に関しては迷惑を掛けないように辞退させていただくつもりです。

その会社への志望度合いを聞いています。できるだけ志望度合いが高いことを伝えたいものです。しかし、今後も就活を続けたい場合もあるはずです。その場合は、正直に自分の気持ちを伝え、しっかり理由も伝えましょう。

NG 回答例 1

旅行に行きます。大学に入ってからずっと、ヨーロッパに行くことを目標にアルバイトをしてきました。内定をもらえたら、自由な時間が増えるので、この機会にヨーロッパまで旅行に行こうと思います。

「就活を続けるかどうか」を聞いている質問ですが、質問があいまいなので勘違いしやすく、注意が必要です。面接中は、基本的に就活と切り離さずに考えましょう。そうすれば意図が見えるはずです。

Q17 営業職にどんなイメージを抱いていますか？

面接担当者の質問の意図

- 「この会社の営業職に関して、きちんと理解できているかどうか」を確認したい。
- 「会社のことをしっかり理解したうえで志望しているか」を知りたい。
- 「営業職に就きたい」と考える理由を知りたい。

あなたが伝えるべきこと

- その会社の営業職に関するイメージを具体的に話す。一般的なイメージではないので、企業研究が必要。
- 「営業職において、自分のどのような力を発揮できるか」も話す。
- 営業職にかかわらず、自分の受ける職種については事前に調べておく。

OK 回答例 ①

「責任感が問われる職種」というイメージです。個人のお客様と直接かかわる御社の営業職は、会社の代表として商品を売り込まなければなりません。商品力はもちろんですが、お客様と信頼関係を築くことが重要な職種だと思います。信頼関係が築けなかったり、お客様からの信用がなければ営業として成果が出ないばかりか、会社のイメージにもかかわってくると思います。それだけにやりがいも感じられると思っています。

「御社の」と一歩踏み込み、その会社の営業職の「特徴」をとらえて話すことで、会社を理解していることにつながります。また、そこで実際に働くイメージを伝えることで、会社への熱意をアピールできます。あらかじめ企業研究をしておくと、より深い回答ができるはずです。

NG 回答例 ①

営業職というと、汗水たらしてお客様を回り、新規開拓し、ノルマを達成するという、過酷なイメージがあります。しかし、私はどんな過酷な状況でも目標を持って、そこに向かって頑張れる自信があります。

一般的なイメージではなく、その企業の営業職について答えましょう。企業研究をして、その会社での業務内容などを調べておけば、具体性が出て周りと差がつく回答ができるはずです。

Q18 総合職を選んだ理由を教えてください。

面接担当者の質問の意図

- 「総合職としての仕事の範囲を理解しているかどうか」を確認したい。
- 「なぜ、総合職を志望したのか」の理由を知りたい。また、なぜこの会社の総合職なのかも聞きたい。
- 「総合職で何をしたいのか」の目標ややりたいことを知りたい。

あなたが伝えるべきこと

- 「なぜ、この会社の総合職を志望するのか」の理由を明確に話す。
- 総合職でやりたいことを具体的に話す。
- 総合職でできる業務の範囲をしっかり調べて把握しておく。そうすることで、やりたいことが具体的に話せる。

OK 回答例 1

　将来、会社の経営に携わりたいからです。会社で働くことで自分の力を発揮して認めてもらい、そして会社や社会に貢献したいという気持ちが強くあります。そのためには、広い範囲で仕事ができる環境に自分を置くことが必要です。そこで私の良さでもある、どんなことも粘り強く追求するところを生かし、どんな仕事でも成果を出していきたいと思っています。その目標を実現するため、総合職を志望しました。

この学生は「広いフィールドの中で働ける」部分に総合職の「良さ」を見出しました。このように、総合職だからこその「良さ」を見つけ出すことで、「なぜ総合職を志望するのか」の「理由」も見えてくるはずです。業務内容を知り、どこに魅力を感じるのかを、自分で把握しましょう。

NG 回答例 1

　長く働けると感じたからです。私は、仕事こそ自己実現の場だと強く思っているので、長く働くことで、自分自身を高め、理想に近づけると信じています。ですから、長く働ける総合職を志望しました。

「長く働けるから」は女子学生に多い回答ですが、良い回答とは言えません。「なぜその会社の総合職なのか」、また、具体的にどのようなことがやりたいのかを話すことが重要になります。

Q19 仕事で生かせるあなたの強みを教えてください。

面接担当者の質問の意図

- 「自分の特徴や良さが分かっているか」を知りたい。
- 「集団の中で生かせる特徴や良さがあるか、またそれを自分で理解しているか」を知りたい。
- 「なぜ、その特徴や良さが仕事で生かせるか」の理由を聞きたい。

あなたが伝えるべきこと

- 自分の特徴や良さを、過去の集団での活動のエピソードを交えて話す。
- 「遅刻しない」など、集団での活動で自分の強みがどのように生かせるかが伝えられればOK。まだ働いていないので、無理に業務に生かせる強みを考えなくて良い。

OK 回答例 1

　粘り強い点です。大学では、サークル活動とゼミ活動ともに、困難なことにぶつかった際には、必ず原因から導き出した具体的な目標と対策を立て、困難を乗り越えてきました。今までこのように活動し続けてきたので、仕事でも必ず目標を立てて取り組んでいくと思います。また、途中で困難な壁にぶつかっても、ケースに応じた対策を立てて、目標を達成するまでは、最後まで諦めずに取り組むことができます。

過去の経験から「特徴」を導き出し、そこから「どのように仕事に生かせるか」まで話せています。「職場で働く」イメージがわいていることは大切ですが、まだ働いていないので、業務内容に直結させる必要はありません。それよりも、どのような考え方で仕事に取り組むかが重要です。

NG 回答例 1

　秘書検定2級を持っています。業務は職種によって違うと思いますが、社会人としての根本的な部分は同じです。社会人として、最低限のマナーや教養を身につけていることが仕事でも必ず役立ってくると思います。

資格をアピールする場合、資格そのものよりも、資格を取得するまでにどんな努力をしたかを中心に話すと良いでしょう。その努力は、仕事を始めてからも生かせることが多いからです。

Q20 社会人にどんなイメージを抱いていますか?

面接担当者の質問の意図

- 「社会人と学生の違いを理解しているかどうか」を確認したい。
- 「社会人になって、働くイメージが持てているかどうか」を探りたい。
- 「学生から社会人になるという意識があるかどうか」「自分のこととして考えられているかどうか」を確かめたい。

あなたが伝えるべきこと

- 社会人として、どのようなビジョンを持っているのかを話す。
- 社会人として、自分のどのような力が発揮できると思うのかを明確に話す。
- 自分が社会人として、働くイメージを伝える。

OK 回答例 ①

　「会社の将来を担っている」というイメージです。そのために今、チームの一員として何ができるかが問われていると思います。学生時代は、集団で将来を見据えるような責任はありません。しかし、社会人は一人ひとりが役割を持ち、協力し合うことが重要だと思います。私も自分の役割をしっかり理解し、チームの一員として働きたい、会社の一員として会社の将来を背負っていきたいと思っています。

最初に、自分が社会人に対して抱いているイメージをしっかりと述べています。そして、自分の学生としての実感と、働き始めてからを重ね合わせて考られているのが良い点です。この質問では、社会人としてのビジョンや働き方など、自分の考えをきちんと話すことが大切です。

NG 回答例 ①

　バリバリ働いて、自立しているイメージです。親から離れ、独り立ちすることが社会人のスタートだと思います。そして、仕事を生きがいにして、何が起きても動じないような、そんな社会人に憧れます。

この質問では、理想の社会人像を話すだけでは NG です。また、ただ単に学生と社会人の違いを述べるだけでもいけません。あくまでも、自分が社会人としてどう振る舞うかを答えましょう。

Q21 社会人として最も大切なことは何だと思いますか?

面接担当者の質問の意図

- 働くということをどのように考えているかを知りたい。
- 「集団の中で、しっかり自分の考えを持って行動できる人かどうか」を確認したい。
- 大切にしていることから、学生の軸や視点を見たい。

あなたが伝えるべきこと

- 今までの集団での活動で大切にしてきたことや自分の役割を具体的に話す。それが社会人としてどのように生かせるのかを伝える。
- 自分が働くうえで大切にしたいことを話す。
- 「なぜ、それを大切にしているのか」の理由を明確に話す。

OK 回答例 ①

　「責任感」だと思います。私はそれをアルバイトで感じました。アルバイト中に私が失敗したとき、私ではなく店長が責任を取ってくれたことがありました。社会人になることは責任を自分で負うことですし、自分が負えない責任は先輩や上司が、そして会社が負うことになります。それだけ責任の範囲が広くなることを知り、言動に責任を持つことが非常に大切であることを、常に頭に置いて働かなければならないと思いました。

この学生は、しっかり「社会人として」まで考えて話せています。また、自分が「社会人としてどのように考え行動すべきか」まで考えられています。自分が、社会人としてどう行動すべきかを、アルバイトなどの経験を通して伝えられると良いでしょう。

NG 回答例 ①

　社会人になるということは、責任を持つべきことが多くなることだと思います。ですから、責任感をしっかり持つことが大切になってくると思います。社会人として、何事にも責任を持って行動することが大切です。

具体的なエピソードや自分の特徴とのつながりがない回答は、ただの感想や想像となってしまいます。面接では、どの質問においても自分と切り離さず、経験や考え方から回答を導き出すことが大切です。

Q22 他社の選考状況を教えてください。

面接担当者の質問の意図

- 「内定を出した際に、実際に入社してくれるかどうか」を知りたい。
- 受けている会社の志望度合いや志望順位を確認したい。
- ほかの選考を受けている会社や業界を知ることにより、判断基準の軸がぶれていないかどうかを確認したい。

あなたが伝えるべきこと

- 現在の選考状況を素直に伝える。
- 選考中の会社を聞かれた場合は、素直に伝えても良いが、基本的には今面接を受けている会社に入社したい、志望度が高いということを伝えるのが良い。

OK 回答例 ①

現在3社の選考が進んでいます。3社ともまだ一次選考や2次選考といった初期の段階ですが、御社の選考が進むことを一番に願っています。

まずは、必要最低限のことを答えましょう。回答の後、追加で「どんな会社を受けていますか?」や「内定をもらえたらどうしますか?」などの質問がくる可能性が高いので、推測できる質問に対しての回答も考えておくと良いでしょう。初めての選考の場合は「初めて」と言ってOK。

類似の質問

・他社が先に内定を出したらどうしますか?
・どのような会社(業界)を受けていますか?
・内定をもらえたらどうしますか?

これらは、回答後にされやすい質問です。「他社が先に内定を出したらどうしますか?」の質問は、たとえ他社が第一志望であっても、ここでは「内定をいただいても、一度考えます」と答えましょう。

Q23 なぜ就職したいと思うのですか？

面接担当者の質問の意図

- 「働くことにどのような意義や目標を持っているか」を知りたい。
- 社会人として働きたい理由を知りたい。
- 「就職とは何か」その学生なりの考えを持って、就職活動ができているかどうかを確認したい。

あなたが伝えるべきこと

- 「自分にとって就職とは何か」を具体的に考え、伝える。「周りの人がするから自分も就職する」というような主体性のない考えではないことを示す。
- 仕事を通じてやりたいことを具体的に話す。志望動機と同じでも可。

OK 回答例 ❶

　同じ目標や志を持った仲間と共に働き、一つのものを作り上げていきたいと思ったからです。アルバイトでもお金を稼ぐことはできますが、会社に就職することで、経営など会社の将来に携わることができたり、地域や国のために貢献することもできると考えるからです。このような、一人ではできないこと、またアルバイトという立場ではできないことも、会社という組織の一員であれば可能になるからです。

この質問は、あなたにとって就職するとは何かを聞いています。回答例では、「アルバイトと正社員の違い」を話すことで、就職するとはどういうことなのかを伝えられています。さらに就職してからの自分の目標なども一緒に話せると良いでしょう。

NG 回答例 ❶

　安定しているからです。正社員となれば、給料は毎月一定額、社会保険などの制度もしっかりしています。社会人として、親から離れて生きていくことになるので、安定は重要です。だから、就職したいです。

社会人として働くことを全く意識していない回答です。これは何のアピールにもなりません。「安定」でも良いのですが、「安定した環境でこそ、100％力が出せる」など、仕事とつながる理由が必要です。

Q24 お客様から無理な注文をされたらどうしますか？

面接担当者の質問の意図

● 「無理難題をどのように乗り越えるか」を知りたい。

● 無理な質問にも「一生懸命対応する気持ちがどれだけあるか」を探りたい。

● 「ストレス耐性がどのくらいあるか」を見たい。

あなたが伝えるべきこと

● 「どのように対処するか」を具体的に話す。

● 過去の経験などを交えると伝わりやすい。アルバイトでの接客や行事で外部の業者と接した経験など。

● お客様のために一生懸命対応するという気持ちを伝える。

OK 回答例 ❶

　　自分で判断できないことであれば、まずは先輩や上司に相談します。そこで、やはり難しい注文であると判断された場合には、お客様に理由を丁寧に説明します。そして、もう一度お客様のニーズを把握し、新たな解決案を提示したいと思います。これは、薬局でのアルバイトで学んだ方法です。お客様に薬について聞かれたときに分からないことがあり、店長などに聞いて学ぶことで、対応してきました。

アルバイトの経験から、どのように対応することが好ましいかを伝えられています。また、会社の一員であることを意識して、無責任な対応をしてはならないことを理解していることも伝わってきます。どれだけお客様のために一生懸命になれるかを伝えるべきです。

NG 回答例 ❶

　　もしお客様の注文が本当に無理なものであったら、「それは難しいので無理です」と言います。できないことをできないと言うことも社会人にとって大切な要素だと思っています。ですから、はっきり言います。

お客様は「会社の看板」を見ていることを忘れてはいけません。例のように、社員、ましてや新入社員としての立場を考えていない回答はNG。自分の立場を踏まえたうえで、対応方法を考えましょう。

Q25 理系の知識は当社では生かしにくいかもしれませんが、よろしいですか？

👆面接担当者の質問の意図

● 「学生の意識と入社後の状況にズレがないかどうか」を確認したい。

● 学生が「自分のどのような良さを生かそうとしているのか」を知りたい。

● そもそも理系の学生であっても、理系の知識ではなく、論理的思考などの人間性の部分を期待している。

👆あなたが伝えるべきこと

● 企業研究を行っていれば、「承知している」と伝えられるはず。

● 理系の知識ではなく、学業の中で学んだ人間性の部分をどのように生かしていくのか、具体的に伝える。

OK 回答例 ①

　理系の知識そのものを生かせないことは承知しています。しかし、実験や実習、課題を通して、論理的な考え方を培うことができました。その論理的な思考は、営業職に確実に生かせると感じています。物事を筋道を立てて考えられる能力があれば、複数の仕事が重なった場合などに、優先順位を考え対応したり、トラブルがあっても順序立てて考え、解決することができるからです。

「承知している」だけでなく、その後に自分の「人間性」を話すことで、自己PRにつなげられるチャンスがあります。チャンスはさまざまな質問に隠れているので、逃さないようにしましょう。また、仕事での「人間性」の生かし方が話せることで、働くイメージにもつながります。

NG 回答例 ①

　理系の知識を生かせないんですか？　私の所属する学部から御社に就職し、活躍している先輩がいると聞いていたので、今まで培ってきた知識を発揮できる場があるものだと思っていました。

「知らなかった」は論外です。企業研究をしっかり行っていないことがすぐに分かり、「志望度合いが低い」と取られてしまいます。その会社、職種で何が求められるのかをしっかり把握することが大切です。

面接での正しいマナーって？

面接でのマナーは、相手に失礼がなければOK。ただし、社会人への第一歩として、面接にふさわしいマナーや身だしなみができているかどうかは、見られています。初めてで分からないことだらけの就活生のために、正しいマナーをレクチャーします！

ポイント ① 面接でのあいさつはしっかりと

あいさつは基本なので、面接会場に入る際のあいさつはしっかりと。ただ、あいさつはコミュニケーションの一つなので、必要な時に自然にできればOK。タイミングなどを気にしすぎる必要はありません。

ポイント ② 最低限の身だしなみは事前にチェック

就活で清潔感のある身だしなみは必須。シャツにアイロンがかけられているか、スーツに目立つしわがないか、靴に汚れはないか、ヘアスタイルはすっきりと整っているかなど、鏡を見てセルフチェックをしましょう。

ポイント ③ 時間厳守

指定された時間には遅れることのないよう、時間に余裕を持って行動することを心がけましょう。時間を厳守することは、信頼関係にもつながることです。

ポイント ④ 受付や待合室での言動も見られている！

面接会場以外に、受付や待合室での言動も見られていることが多いので、気を抜かないように！　過去に、待合室で携帯で友達と話したり、ほかの企業のエントリーシートを書いていてマイナスになった学生も…。要注意です。

ポイント ⑤ 100％の気持ちが、正しいマナーにつながる！

よく、面接でのすべての行動をシミュレーションする就活生がいますが、それは必要ナシ。会場や相手によっても、対応の仕方は変わります。100％の気持ちで面接に臨めば、相手に失礼な行動をすることはなくなるはずです。

CHAPTER 4 第4章

ニュース・時事問題について問う
質問の意図と回答例

社会人への第一歩として、企業側は就活生がどの程度ニュースや社会の情勢について
理解しているか、知りたいと思っています。それによって、就活生が社会人になる
心構えができているのか、準備を怠っていないかを探ろうとしているのです。
この章では、それらに関連する質問で代表的なものを解説します。

Q01 最近、気になったニュースは何ですか？

面接担当者の質問の意図

気になったニュースや、それに対する考えからあなたの人柄や特徴を探りたい。

- 「どのようなニュースや事柄に興味を持つのか」を知りたい。
- 「そのニュースに対して、自分なりの意見や考えを持っているか」を知りたい。意見や考えから人間性や特徴を探りたい。
- 「世の中に対してのアンテナを張っているかどうか」を聞きたい。
- ニュースの内容や解説を聞きたいわけではない。

あなたが伝えるべきこと

本当に気になった記事に対しての自分なりの意見や考えをしっかり伝える。

- 気になったニュースを具体的に述べる。
- 本当に気になった記事を選ぶべき。無理して政治経済系の記事を選ばず、地方欄などでも OK。また、志望業界に関係なくても良い。
- そのニュースに対しての自分の意見や考えを話す。
- 「なぜそのニュースが気になったのか」の理由を明確に伝える。
- ニュースの解説や詳しい説明、感想だけで終わらないように気をつける。

OK 回答例 ①

　LCC 航空会社についてのニュースです。これまでの航空業界は、価格もサービスも各社ほぼ変わらず、競争が行われることはほとんどありませんでした。しかし、価格競争が行われることで業界が活性化されるのは、消費者にはありがたく、利用者もさらに増えると思います。私はサッカーサークルに所属していますが、競争相手がいることの影響は大きく、試合でも実力以上のものが出せると感じています。どんな世界でも、競争が行われることはプラスに働くと思います。今後の航空業界でどのような価格競争が行われていくのか、とても興味があります。

自分が身近に感じているニュースを取り上げているので、無理なく回答できています。しっかりと理解できていない内容を取り上げると、説明不足になってしまうので気をつけましょう。ニュースと自分の経験を重ね合わせて、自分の「考え」や「特性」もしっかり伝えることができています。

OK 回答例 ②

　日本人野球選手の海外での活躍です。言葉の壁や、習慣、文化の違いもあり、海外での活躍は決して簡単ではないと思います。また、精神的なプレッシャーも乗り越えていかなければなりません。厳しい環境で結果を出していることは素晴らしいと感じます。私は、水泳で県大会に出場したことがありますが、プレッシャーに負けてしまい、普段通りの結果を出すことができなかった経験があります。そのときに、単に水泳の技術を磨くだけではなく、メンタル面の強化がいかに重要かを学びました。だから、日本人選手の素晴らしい活躍と結果にはとても興味があります。

「なぜこのニュースが印象的だったのか」を、明確に伝えることができています。自分の経験を通して学んだことから、「なぜ海外で活躍している日本人選手が素晴らしいと感じたのか」の「理由」を述べることが大切。成功体験だけでなく、失敗を素直に話すことができている点も好感が持てます。

NG 回答例 ①

　日本人野球選手の海外での活躍です。海外のチームに所属するだけでも大変なのに、ヒットの本数や連勝など、数々の記録を打ち立てています。私はいつもその活躍を野球中継などで見ています。スポーツ新聞も欠かさずチェックするようにしています。世界的に活躍する選手の姿は格好いいし、励みになります。

ここでニュースの詳細内容や情報収集の方法を伝える必要はありません。その部分は簡潔にまとめ、自分自身のことを伝えましょう。「このニュースを通じて自分がどう考えたか」や「何を学んだのか」などを述べることが大切。ニュースと自分の「共通点」を見つけて、伝えたいことを明確にしましょう。

Q02 今朝、新聞を読んできましたか？

面接担当者の質問の意図

- 「どのようなニュースや事柄に興味を持ったのか」を知りたい。
- 「気になったニュースに対して、どのような意見や考えを持つか」を知りたい。
- 「印象に残ったニュースを正しく理解できているか」を確認したい。

あなたが伝えるべきこと

- 新聞を読んで気になったニュースを具体的に話す。
- 「なぜ、そのニュースが気になったのか」の理由と、ニュースに対する意見を明確に話す。
- 無理に難しい記事を選ばず、意見を持って話せる記事を選ぶ。

OK 回答例 ❶

　はい、経済新聞を読んできました。その中で印象的だったのは、昨日の夕方に発表された大手メディア企業による米国企業の買収の記事です。私は将来、起業したいと思っているので、企業間のニュースに興味があり、今回ほどの大きなニュースは知っておくべきだと思いました。ニュース自体は、昨夜発表された直後にインターネットを通じて知りましたが、背景や今後の業界動向に関する解説記事が参考になりました。

この回答では、ニュースが気になった「理由」を明確に話せています。「理由」を話すことで、その学生の「人間性」や「視点」が見え、それが自己アピールにつながります。また、「解説記事がどう参考になったか」や「ニュースに対する意見」が入ると、さらに良い回答になるでしょう。

注意点

・新聞を読んでこなかった場合は、「読んできませんでした」と、正直に話しましょう。嘘をつけば、すぐに分かってしまいます。挽回したい場合は、「昨日は読みました。昨日気になったニュースは…」と続けると、熱意は伝わるでしょう。

本来であれば、就活中はできるだけ新聞を読むこと。毎日目を通すことが大切です。でも、読んでいない場合は、どうしたってその日のニュースは浮かばないはずなので、正直に話しましょう。

Q03 少子高齢化について どう思いますか？

面接担当者の質問の意図

- 「少子高齢化について正しく理解しているかどうか」を知りたい。
- 「少子高齢化による会社への影響をどのように考えているか」を知りたい。
- 「少子高齢化による影響に対して、会社としてすべきことを考えられるかどうか」を確認したい。

あなたが伝えるべきこと

- 少子高齢化による世の中の変化や会社への影響を話す。
- 少子高齢化に対して、会社の一員としてできることや働き方を具体的に話す。
- 少子高齢化そのものを解説する必要はない。

OK 回答例 ①

　少子高齢化によって国内での消費動向が変化するだけではなく、生産力の動向にも影響を与えるという意味で、すべての企業に大きな影響を与える問題だと思います。少子高齢化によって生じるであろう問題に計画的に取り組むとともに、新たなビジネスチャンスを見据え、積極的に取り組む必要があると思います。リテール向けの金融という観点からは、個人の資産管理に対するニーズがますます重要になってくると思います。

しっかり「企業にも影響する」ということを伝え、最後に具体的な考えも話せています。少子高齢化は、どんな企業にも少なからず影響することです。志望する業界や企業にどのような影響を及ぼし、そこでどのような対策を行えば良いか、企業研究の中で見つけ出しておくと良いでしょう。

NG 回答例 ①

　少子高齢化で危険だと思うことは、介護問題や年金問題です。今のお年寄りはもちろん、将来、年金をもらう私たちも心配です。この状況を改善する方法は、子どもを育てやすい環境を整えることだと思います。

この質問では、少子高齢化そのものの対策を求めているわけではありません。ただ解説するのではなく、企業への影響と対策を話しましょう。「なぜこの質問をしたのか」の意図をくみ取ることが重要です。

Q04 最近の「経済ニュース」で興味を持ったことは何ですか？

☞ 面接担当者の質問の意図

● これから社会に出る者として、「日本経済の現状をどの程度把握しているかどうか」を確認したい。

● 「どのようなニュースや事柄に興味を持ったのか」を知りたい。

● 「日本経済に対してのアンテナを張っているかどうか」を知りたい。

☞ あなたが伝えるべきこと

● 気になったニュースを具体的に話す。

● 「なぜ、そのニュースが気になったのか」の理由と、ニュースに対する意見を明確に話す。

● 経済に絞った難易度の高い質問。分からない場合は無理をしない。

OK 回答例 ❶

　不動産業界が海外開発事業に参画する傾向にあることです。グローバル化が進む中、国内ビジネスだけにとどまってしまうと、売上を伸ばすことができません。自社の特徴や良さを理解し、それを武器に世界で戦うことができれば、業績を上げることができて、企業の大きな成長になると思います。このニュースから、私自身も自分の特徴や良さを理解することで、仕事に生かすことができて、必ず結果にもつながると学びました。

経済ニュースと聞くと、堅苦しく答えようとしてしまう人もいますが、自分の「考え」と重ね合わせて、分かりやすく回答できています。また、企業が結果を出すためにはどのような「考え方」や「方法」が必要であるかを、しっかり学んでいることも伝わります。広い知識を持っておくことも大切です。

NG 回答例 ❶

　不動産業界が海外開発事業に参画する傾向にあることです。日本の技術は世界最先端だと思いますし、海外でも日本の技術が認められるのは素晴らしいことだと思います。日本の技術に誇りを持ちたいです。

「なぜこのニュースが印象的だったのか」が分かりません。必ず「理由」を伝えましょう。また、ニュースを理解していないことが分かるのも問題。きちんと理解して、何を伝えたいのか「考え」を明確にしましょう。

Q05 日本の景気について どう思いますか？

面接担当者の質問の意図

- 「世の中の動きを把握しているか」を知りたい。
- 「社会の中で、自分にできることを考えているか」を知りたい。
- 「景気が自分にとって、企業にとって、どのように影響しているかをしっかり考えているか」を確かめたい。

あなたが伝えるべきこと

- 世の中や社会に興味、関心があることを伝える。
- 自分の経験や考えを通じて、「今の景気をどのようにとらえているか」を明確に話す。
- 「なぜ今の景気をそのように感じるのか」の理由も話す。

OK 回答例 1

　日本の景気は確実に良くなっていると思います。かつて、消費税増税などが行われて、消費者心理に影を落とす可能性がありましたが、だからと言って増税を行わないことがいいかというとそうではありません。私は柔道部の部長をしていますが、活動の充実のため、部員の反対を押し切り部費を上げました。その結果、試合数が増え、部員の実力もアップしました。目先のことだけではなく、長期的に考えることで、日本の景気もさらに良くなると思います。

景気が良くなっているという「実感」と、今後の日本の「課題」をどう見ているかをはっきり示すことができています。また、身近な経験から自分なりの「考え」を伝えられているところもいいでしょう。社会の課題や問題を他人事と思うのではなく、自分の経験と重ね合わせて考えることが大切です。

NG 回答例 1

　景気についてはよく分かりません。私は4年間カフェでアルバイトをしています。特にお客さんの数に変化もないですし、アルバイト料にも変化はありません。景気に関して直接感じることは何もないです。

社会に興味があれば、景気がどのように変化しているかは分かるはず。お客様の数やアルバイト料など、身の回りの出来事だけで景気を判断することはできません。もっと「社会の動き」に敏感になりましょう。

Q06 日本の教育について どう思いますか？

☝面接担当者の質問の意図

- 「視野を広く持っているかどうか」を知りたい。
- 「教育が社会にどのように影響するか」「その影響をどのように考えているか」を知りたい。
- 「今後の日本の教育課題について考えているか」を確かめたい。

☝あなたが伝えるべきこと

- ますますグローバル化が進む中で、「教育をどのように感じているか」を具体的に話す。
- 「自分が受けてきた教育をどのように感じているか」を話す。
- 自分が受けてきた教育を踏まえて、今後の課題も伝える。

OK 回答例 ①

　ますますグローバル化が進むことは間違いないので、日本ももっと英語教育に力を入れなくてはならないと感じています。世界中の大学で開催されているオンライン講座を私も実際に受講してみましたが、内容を理解するために大きな問題となったのは言葉の壁です。言葉の壁が大きいからこそ、まだまだ日本には受講者が少ないことが分かりました。まず、そこから何とかしなくては、世界の人たちと一緒に成長していくことは難しいと強く感じました。

自分が実際にオンライン講座を受講した経験をもとに、「自分の足りないところ」や「日本の教育の課題」を見つけて伝えることができています。教育に対する「考え方」だけでなく、普段から自分の行動を振り返り、改善しようとする姿勢も分かります。自分の「特性」もしっかりアピールできています。

NG 回答例 ①

　今の日本の教育には満足しています。教育を受けることが難しい国もある中で、日本では義務教育の6年間だけでなく、高校、大学も充実しており、十分な教育を受けさせてくれるので安心しています。

「なぜ今の教育に満足しているのか」や「何を基準に満足した教育が受けられたと考えているのか」が分かりません。どのような教育が必要で、好ましいと考えるのかを、具体例を交えて伝える必要があります。

Q07 環境問題が当社に与える影響について、あなたの考えをお話しください。

面接担当者の質問の意図

- ここ数年、社会や各企業でも話題にされることが多い、「環境問題についてどのくらい興味や知識があるか」を確認したい。
- 「環境問題の会社への影響をどのように感じているか」を知りたい。
- 「環境問題に対して会社ができることを考えているか」を聞きたい。

あなたが伝えるべきこと

- 環境問題が会社に与える影響を具体的に話す。
- 環境問題に対して、会社が、また会社の一員として自分ができることを具体的に話す。
- 環境問題そのものだけを解説する必要はない。

OK 回答例 1

　環境問題は新しいサービスを生み出す材料の一つなので、御社の優れた実績を発展させていくビジネスチャンスであると考えています。また、投資家や外部からの目を考慮して、社会責任を果たすことも企業イメージの向上につながるので重要だと思います。ただし、環境問題への取り組みはコストを増加させる要因にもなるので、現在の難しい経済環境の中では優先順位を考えていく必要があると思います。

「環境問題による影響への会社としての対応策」を考え、具体的に話す必要があります。この学生は、環境問題に対する対応策から、その対応策の進め方まで考えられています。近年、環境問題は会社側も重視していることなので、必ず自分なりの意見を考えておきましょう。

NG 回答例 1

　ますます温暖化が進んでおり、日本でも異常気象が多く見られるようになってきました。温暖化を防ぐには、やはり二酸化炭素排出量を減らすことだと思います。小さなことからでも始めることが大切です。

この質問では、環境問題に対しての解説は必要ありません。「会社としてどう対応すべきか」を聞いているので、例の場合、「会社として二酸化炭素を減らす方法」を具体的に話せると良い回答になります。

Q08 当社が属する業界の課題について、意見を聞かせてください。

面接担当者の質問の意図

- 「業界についてしっかり研究し、理解しているかどうか」を知りたい。
- 業界や企業の良さや力を入れていること、課題をしっかり把握できているかどうか」を確認したい。
- 業界に対する興味、関心の度合いを探りたい。

あなたが伝えるべきこと

- 業界の課題になるであろうことを明確に述べる。
- 課題を達成するためにできることを具体的に話す。
- 業界全体の足りない部分は、働いた経験のない学生には具体的には分かりにくい。無理せずに、自分の分かる範囲で話すこと。

OK 回答例 ①

　中国やインドなど、発展途上国が安い労働力を武器に、割安な商品を市場に供給する中で、いかにシェアと利益を保っていくかが重要な課題だと理解しています。そして、そのためには、今まで培ってきた優れた技術力を生かして、新しい事業領域を開発するなど、ビジネス全体を広げていく努力が必要だと思います。これまでの経験を生かしつつ、新しい展開を模索することで、必ずいい結果につながると思います。

この質問では、「発展していくための課題」を考えましょう。また、業界が持っている「良さ」を生かし、伸ばす方法など、ポジティブな視点を持つことも大切。回答例では、「外国の勢いに負けないため、日本の技術力を見直す」という、「良さ」を生かす対応策を話せています。

NG 回答例 ①

　この業界には、「新しいモノを発信しよう」という勢いが少ないように感じます。長く続く確かなモノを受け継いでいくことも大切ですが、世の中は動いているので、新たなモノを生み出すことも重要だと思います。

実際に働いたことのない学生に、業界の「足りない部分」は明確には見えないはずです。また、見えたとしても必ず理由があるはずです。ですから、ここではネガティブな見方をする必要はありません。

Q09 日本の流通業界は 10 年後、どんな姿になっていると思いますか？

面接担当者の質問の意図

- 「業界の将来をイメージできているかどうか」を知りたい。「業界研究ができているかどうか」につながる。
- 「過去の業界の流れや動きを把握しているかどうか」を確認したい。
- 業界に対する熱意ややる気を見たい。

あなたが伝えるべきこと

- 企業・業界研究を行ったうえで、10 年後には "業界はこうなるだろう" または "こうしたい" という思いを具体的に話す。
- 業界の今までの流れを把握し、やりたいことと過去の出来事を振り返ることで、回答に根拠が生まれる。

OK 回答例 ①

　情報通信技術の発展や物流の効率がさらに増す中で、一部の高付加価値のサービスとその他多くの非常に効率的なサービスに二極化していくのではないかと思います。その他多くの部分では、無償に近い形態でのサービス提供が求められるのではないかと思います。今後のことを考え、入社後はお客様が必要としていることや求めていることを見定め、なぜ私たちが必要とされているのかを常に考えながら働きたいと思います。

ここまで具体的に考えられていると、会社側も安心して「仕事を任せたい」と思えます。業界や企業研究をしっかり行っていることも分かるので、熱意や志望度合いが強いことも伝わります。この回答に、過去の業界の流れとの比較などが入ると、説得力が増し、より良い回答となります。

NG 回答例 ①

　ますます流通媒体が増え、活性化していると思います。現在は店舗だけでなく、ネット通販も大きな流通媒体となっています。10 年後には、さらに媒体が増え、消費者側が選べるサービスを提供できると思います。

軽く業界の現状に触れていますが、感想の域を出ていません。もう一歩踏み込んで、「○○のような流通媒体が現れるかも」と話せると良いです。そのためには、業界の流れを振り返ることが大切です。

Q10 最近の「国際ニュース」で興味を持ったことは何ですか?

👆面接担当者の質問の意図

● 日本だけではなく「海外に目を向けて過ごしているかどうか」を知りたい。

● 「なぜそのニュースが印象的だったのか」の理由を知りたい。

● ニュースについて「自分なりの考えを持っているか」を知りたい。

👆あなたが伝えるべきこと

● なぜそのニュースが印象に残ったのか、理由を話す。

● そのニュースに対する、自分の考えや意見を話す。

● このニュースを通じて、自分の特徴や良さを理解してもらえるように伝える。

OK 回答例 1

　世界で人気の観光地にトルコがあります。トルコと日本は持っている資源が少ないという共通点があるので、トルコを参考に、日本も観光客を増やし、日本の経済を支える産業として発展させるべきだと思います。私はアルバイトで海外の観光客が利用するバスの受付をしています。そこで、日本の文化を押し付けるのではなく、私たちが各国の文化や習慣を学ぶことが大切だと学びました。相互理解が行われることで、観光産業がより活性化すると思います。

他国と日本を比較しながら、日本を自分のことのように振り返ることができています。日本の経済を支える産業が観光である「理由」もきちんと伝えています。そして、アルバイトの経験から得たこと、学んだことと重ね合わせて、今後の「課題」まで具体的に話せている点も良いです。

NG 回答例 1

　海外の航空機墜落事故についてのニュースです。その理由や原因がはっきりしていないのは、とても不思議なことです。海外の航空会社への不信感は募るばかりです。海外旅行をすることも怖くなってしまいました。

ニュースに対する感想を述べるだけでは自分の「考え」や「意見」は伝わりません。自分の「考え」をしっかり伝えられるようなニュース選びと、「なぜこのニュースに興味を持ったのか」を話すことが大切です。

Q11 自動車のリコール問題について、あなたの意見を聞かせてください。

面接担当者の質問の意図

- 「リコール問題を理解できているかどうか」を知りたい。
- 「リコール問題のような事件が起きたときに、会社にどのような影響があるかを考えられるかどうか」を確認したい。
- 「問題が起きたときに、自分にできることを考えられるか」を知りたい。

あなたが伝えるべきこと

- リコール問題による会社への影響を明確に述べる。
- 「もし自分の勤める会社で似た問題が起きたら、どう対応するか」を具体的に話す。
- 過去の似たような事件を調べると、自分の意見を考えやすくなる。

OK 回答例 ①

　品質の良さをアピールしていただけに残念です。根底にある、貿易摩擦問題はすぐに解決できることではありませんが、今できることに社員一丸となって取り組むことが大切だと感じます。過去にも似た問題がありましたが、逆にチャンスに変えた企業もありました。私も部活で危機を感じたときこそ、状況を把握し改善策を見つけた経験があります。私は、苦しい状況でも逃げ出さずに改善策を考え、乗り切っていきたいです。

ニュースへの意見だけでなく、「自分だったらどうするか」を話せています。ここで自分の考え方を話すことで、「働いたときにどう問題を乗り越えるか」を伝えることができます。この質問でも過去の経験を交えることで説得力が増します。内容は自己PRと同じでもOKです。

NG 回答例 ①

　大変そうだと思います。会社の製品の品質が疑われてしまうことや、日本だけでなく海外まで発展したこと。とにかく規模が大きい問題で、その対応も想像を絶するくらい大変なのだろうと、つくづく思います。

この問題は、どの業界にも何かしらのつながりがある問題です。ですから、回答例のように他人事として話すのはNG。また、ただ感想を話すだけでは不十分です。しっかり自分なりの意見を考えましょう。

Q12 食の安全問題について、あなたの意見を聞かせてください。

面接担当者の質問の意図

● 食の問題が「人、会社、社会に与える影響をどのように考えているか」を知りたい。

● 「食の安全を身近なこととして考えているか」を知りたい。

● 自分にとって、食とは何かを聞きたい。

あなたが伝えるべきこと

● あなたが考える食が人、会社、社会に与える影響を、具体的なエピソードを交えて話す。

● 自分にとって、食とは何かを明確に伝える。

● 食の問題が起きた際に、会社や社会はどんな対応をすべきかを話す。

OK 回答例 1

　日本は災害が多く、かつては東日本大震災での原発事故で、放射能汚染された農作物が市場に出回ることが心配されました。こうした問題が起きた際に大切なことは、安全基準をしっかり設定して、子供から大人、お年寄りまで理解できるように情報開示をすることだと思います。私は飲食店でアルバイトをしていますが、食材の産地などを把握し、お客様に聞かれたらすぐに答えられるようにしています。情報を隠さないことが、信頼につながると思います。

農作物の風評被害について、「何が問題なのか」を考えることができています。また、「それをどのように解決していけばいいのか」という自分なりの「考え」を伝えられています。アルバイトでのエピソードを加えることで説得力が増し、自分の「特性」も伝えることができていてとても良いです。

NG 回答例 1

　災害により、消費者が農作物を購入することに消極的になってしまうのは仕方ないと思います。東日本大震災の原発事故の際は、正直私も東北地方の農作物を口にできないと感じました。安心できるものを購入したいです。

食の問題の批判をするのはNG。批判だけでは、自分の「特性」や「考え」は伝わりません。問題を提示したうえで、「どうしたらその問題を解決できるのか」という自分なりの「意見」をまとめておきましょう。

Q13 過疎化の問題について、あなたの意見を聞かせてください。

面接担当者の質問の意図

- 「日本が抱える大きな問題である過疎化をどのようにとらえているか」を知りたい。
- この問題について「どのような考えや意見を持っているか」を具体的に知りたい。

あなたが伝えるべきこと

- この問題を、どのようにとらえているかを話す。
- この問題について、あなたなりの考えや対策を、具体的なエピソードを交えて話す。
- 自分自身ができること、できないことについても伝える。

OK 回答例 ❶

　私の出身地でも過疎化が進み、多くの住民がその土地で暮らすことに希望が持てなくなっています。人が希望や目標を持って暮らすことができる環境は大切です。私は常に目標を持って過ごしているからこそ、つらいこと、苦しいことがあっても乗り越えようと努力できます。より良い環境作りのためには、国だけでなく、県、町が一丸となって問題解決に取り組むことが必要です。私自身も、過疎化についての情報収集をして、解決策を探っていきたいです。

「過疎化で人が減少していく理由は何なのか」を自分なりに考えて、伝えることができています。自分の経験と重ね合わせて、「何が足りないのか」や「何が必要か」を考えている点もいいでしょう。最後に、可能な範囲で自分のできることを伝えているのも回答の説得力が増します。

NG 回答例 ❶

　過疎化についてはよく耳にします。産業構造に大きな変化があると、地方から人が離れてしまうので、仕方がないことだと思います。ある意味、日本が成長している証拠ではないかと思います。

この回答では、日本が抱える「問題点」や「改善すべきこと」を把握していないように思われてしまます。「仕方がない」という言葉で済ませるのではなく、自分なりの「意見」や「考え」を伝える必要があります。

オンライン面接のコツって？

オンライン面接は限られた情報しか伝わらない傾向にあります。どの点に注意してオンライン面接を受けると、自分の良さや特徴が伝わりやすいのか確認しておきましょう。

ポイント ① 45秒で伝えよう！

オンライン面接では、学生と面接担当者、双方にとって特に集中力が必要です。だからこそ重要なのは、短い時間で簡潔に話すことです。長々と話すことで、あなたにとっては、自分が何を伝えたいのかがわからなくなります。反対に、それを聞く面接担当者にとっては、長々と話されると、相手が何を伝えたいのかが理解できなくなります。オンライン面接で好印象を与える話し方は、ひとつの質問に対して要点をまとめ、45秒以内で話すように心がけることです。

ポイント ② 短時間で伝える３つのステップ

オンライン面接では、「結論→理由→具体例」の３つのステップの順番で話をすることを心がけましょう。これが面接における回答の基本形です。この３つのステップで、45秒以内に話ができるようになれば、短い時間で要点をまとめ、わかりやすく相手に伝えることができます。

ポイント ③ 自分の顔を明るく映そう！

オンライン面接では、画像と音声が選考に大きな影響を与えます。カメラ映りは大事です。画面に映る自分が暗いと、面接担当者に暗い印象を与えてしまうことになりかねません。明るく元気な印象をアピールするには照明を上手に利用すると良いでしょう。パソコンのカメラ付近にライトを設置すると、自分の顔がとても明るく映り、元気よく見えます。就活生の先輩たちがいろいろ試した中で、いちばん手頃でおすすめなのは、リングライトです。

ポイント ④ 笑顔・身振りも大切！

オンライン面接は、どうしても直接会って話をするよりも感情が伝わりにくいため、自分のことを短い時間で、簡潔に、相手にわかりやすく伝える工夫もしなければいけません。そのため言葉だけでは不十分で、表情や態度、うなずきなどで視覚に訴えると伝わりやすくなります。効果的なのは、①画面に映る面接担当者でなくカメラを見て笑顔で話すこと、②明るい表情や笑顔を心がけること、③相手の話を聞くときは大きくうなずき理解しているサインを送ることなどです。

CHAPTER 5 第5章

意図が分かりづらい
質問と回答例

これまでご紹介してきたような質問は、就活を続けていれば
何度も出会う質問かもしれません。しかし、就活の面接で聞かれる質問には、
一見、何を聞かれているのか分からず、戸惑ってしまうような質問もあります。
この章では、意図が分かりづらい質問について解説しましょう。

Q01 今日はどうやってここまで 来ましたか?

面接担当者の質問の意図

● 最初にこの質問をすることで、「簡潔に、要領を得た話し方ができる かどうか」を確かめたい。

● 「質問をどのように受け取り、回答するか」を知りたい。

● 場の空気を和ませ、リラックスさせようとしている。

あなたが伝えるべきこと

● 簡潔に話すことが最も大切。家から面接会場までの道のりや乗った電 車などを、脈絡なくダラダラと話さない。

● 質問を深読みせず、来るまでの行動や手段を簡潔に話す。

● 回答に自分の特徴や良さを盛り込むことができると、さらに良い。

OK 回答例 ❶

　自宅からバスと地下鉄を利用して来ました。自宅から の所要時間は約50分です。
　事前に下見をしていたので、迷わずに来ることができ、 ほっとしています。

大切なのは、簡潔に答えるこ と。路線や駅名、それぞれの 所要時間などは詳細に答えな くても大丈夫です。この学生 は後半に「事前に下見をした」 と補足したことで、「計画性 がある」という「特徴」も伝 えています。考えて回答すれ ば、どんな質問もアピールに 生かすことができるのです。

NG 回答例 ❶

　まず家から最寄りの○○駅まで自転車で10分かかり ます。そして、最寄りの駅から△△駅まで30分かかり、 そこで乗り換え、□□駅まで10分。□□駅から御社ま で徒歩5分かかったので、55分かかりました。

何も考えずに家からの道のり を話すと、この回答例のよう になってしまいます。脈絡な く話すのではなく、相手に伝 わりやすいように、要点をま とめることを意識して答えま しょう。

Q02 1日、24時間の使い道をどのようにしていますか？

面接担当者の質問の意図

● 「普段、時間をどのように使っているのか」を知りたい。

● そこから、どんな**特徴**を持っているかや**人間性**、物事を行う際の視点、**優先順位**を知りたい。

● 「**簡潔に、要領を得た話し方ができるかどうか**」を確認したい。

あなたが伝えるべきこと

● 自分が最も大切にしている時間の過ごし方を具体的に述べる。例えば、「アルバイトをしている時間」や「友人と過ごす時間」など。

● 「なぜ、その時間が大切なのか」の**理由**を明確に話す。

● 1日のタイムスケジュールを話す必要はない。

OK 回答例 ①

　私は睡眠時間を大切にしています。私は毎日、無駄な時間を作らないように、朝から計画的に過ごすようにしています。その計画をスムーズに行うためには、休むことも必要です。睡眠時間をきっちり取らなければ、1日のスケジュールをこなすことができず、自分の予定が狂ってしまうこともあります。ですから、しっかり睡眠を取り、体を休ませることで、翌日も全力で活動できるようにしています。

タイムスケジュールではなく、最も大切にしている時間や優先していることを中心に話しましょう。この学生は、「睡眠が活動に影響するから」という「理由」もしっかり話せています。また、回答の中で「計画性がある」という自分の「特徴」もしっかり伝えられています。

NG 回答例 ①

　基本的に、朝は7時に起きます。準備をして、9時に家を出て、10時半から授業が始まります。16時まで授業があり、18時から22時まで飲食店でのアルバイトを行っています。22時半に帰り、1時ごろに寝ます。

変化球質問に共通して言えることは、「面接がこの質問だけだった場合を考えるべき」ということ。どんな質問でも必ず「人間性」を伝えるべきなので、スケジュールだけを話しては意味がありません。

Q03 魅力ある人とはどんな人だと思いますか?

面接担当者の質問の意図

- 「どのような人を魅力があると感じるか」を知りたい。どうしてそう思うのか理由も知りたい。
- 「どのような人に影響を受けるのか」を知りたい。
- 「どのような人間を目指しているか」も聞きたい。

あなたが伝えるべきこと

- 具体的な人と魅力的な部分を挙げる。身近な人でも有名人でも OK。
- 「明るい人」「責任感のある人」などの特徴でも OK。
- 「なぜ、その人に魅力を感じるか」の理由を明確に話す。
- 「尊敬する人」と一致しても OK。

OK 回答例 1

目標に向かって突き進んでいる人です。目標や夢があると、そこに向かって一生懸命取り組むことができます。私も以前、資格を取得するために努力を惜しまず取り組んでいました。そのときは、時間を忘れてしまうほど夢中になっていました。しかし、目標としていた資格を取得した後は時間を上手に使えず、ダラダラと過ごした経験があります。この経験から、常に目標を持ち、それに向かって突き進んでいる人は魅力的だと思います。

この学生が自分の経験の中から「魅力」を探し出したように、自分の特徴や経験から探し出しても良いでしょう。もちろん、具体的な人を挙げるのも OK。「友人は目標に向かって一切妥協しないので私も見習いたい」など、自分が尊敬している相手だと魅力も見つけやすいはずです。

NG 回答例 1

ナインティナインの岡村さんです。子供のころからずっとファンで、岡村さんのようなユーモア溢れる人には憧れます。実は努力家で、番組の企画で数々のチャレンジをしているところもとても好きです。

回答は有名人でもいいですが、「ファンだから」だけでは当然 NG。「どこに魅力を感じるのか」を具体的に話しましょう。面接は、好きなことを語る場ではなく、自分をアピールする場なのです。

Q04 年配の方と交流を持った経験はありますか？

面接担当者の質問の意図

- 「年配の人との交流経験があるかどうか」を知りたい。
- 同年代の友人との横の関係だけでなく、「年上の人との縦の人間関係を築けるかどうか」を知りたい。
- 特に福祉や医療関係、サービス業に多い質問。

あなたが伝えるべきこと

- 年配の人との交流経験を具体的に話す。アルバイトやボランティア、祖父母などの家族との交流でもOK。
- 年配の人との接し方や気をつけていることも具体的に話すと良い。
- 年配の人との交流の中から学んだことも話せると良い。

OK 回答例 ①

　3年間、老人ホームで本の貸し出しを行うボランティア活動をしていました。そこでは人を思いやる気持ちや温かい気持ちに触れることができました。日々時間に追われながら過ごしていて、忘れかけていた心を思い出させてくれる機会にもなりました。継続してボランティア活動を行ってきたからこそ、より良い人間関係を築くことができ、多くの方々に本の貸し出しサービスを利用していただくことができました。

この質問には、経験から語ることが重要です。この学生は、「年配の方と交流したからこそ、普段忘れていた思いやりを思い出せた」と、「学んだこと」を話しています。「どのような場面から思いやりに触れたのか」がもっと具体的に話せると、より良い回答になります。

NG 回答例 ①

　アルバイト先の飲食店には、ご年配のお客様もいらっしゃるのですが、なかなか注文が聞き取れず苦労しています。分からないことを質問されることも多いのですが、説明が伝わらないこともあり、困っています。

交流があったとしても、マイナスな印象を話すのは、面接担当者への印象も良くありません。この質問では、接するうえで困らないための「努力」や「注意点」を考えられるかが重要なポイントなのです。

Q05 就活中のリラックス方法を教えてください。

面接担当者の質問の意図

● オンタイムとオフタイムの切り替え方法を知りたい。

● 普段の過ごし方を通して、**人間性**を探りたい。

● 切り替えができる人は、**仕事中に集中力を発揮し、成果を残せること**を企業は知っている。その確認をしたい。

あなたが伝えるべきこと

● オンタイムとオフタイムの切り替え方法を**具体的**に話す。

● 「なぜ、その方法で切り替えられるのか」の**理由**も明確に話す。

● 「リラックスすることで、自分にどんな良い効果があるか」も話す。

OK 回答例 ①

　親しい友人や家族と話す時間を大切にしています。不安なことや自分の考えなどを話すことで、意見やアドバイスをもらっています。そうすることで、不安の解消や改善ができ、一歩前進できます。また、親しい人と話すことで気持ちにも余裕が出てきます。自分一人であれこれ考えているだけでは、いつまでたっても前進することができないので、友人や家族はとても大切な存在であり、一緒に過ごす時間が必要です。

この質問では、具体的なリラックス方法と「理由」が不可欠です。この学生は、家族や友人との会話に「不安解消」という「理由」を見つけ出せています。もちろん、人によってリラックス方法や、リラックスできる環境は異なるので、普段の生活を振り返ってみましょう。

NG 回答例 ①

　毎日、お風呂で１日の疲れを取っています。湯船に浸かってボーっとすることで、すべてを発散できた気がします。あと、寝る前に飼っている愛犬と遊びます。愛らしい姿と行動に、いつも癒やされています。

この回答だと、漠然としすぎていて何も伝わってきません。この質問でも「自分をアピールすること」を忘れてはいけません。「疲れを取ってこそ、力が発揮できる」など、「理由」を明確にする必要があります。

Q06 おすすめの本は何ですか？

- 「本からどのような影響を受けたか」を知りたい。
- 「あなたにとって本がどのようなものなのか」を知りたい。
- 「学生が普段どのようなことに興味、関心があるのか」を、おすすめの本を通して確認したい。

あなたが伝えるべきこと

- 「なぜ、その本をすすめるのか」の理由を具体的に話す。
- 「読んだ本から、どのような影響を受けたか」を明確に話す。
- 「共感できた」「成長できた」など、本当に影響を受けた本でOK。無理に読み慣れていないビジネス書などを取り上げなくても良い。

OK 回答例 1

　クリス・アンダーソンの『フリー〈無料〉からお金を生み出す新戦略』です。インターネットが発達した現在では、情報技術にかかる費用はどんどん低下しているため、そこでやりとりされる情報はどんどん無償になっていく。そのルールのもとでビジネスチャンスを作っていくことを考えなければいけない、と伝えています。これからの世の中でサービスの付加価値を考えていくうえで、大切な考え方だと思いました。

この学生は本から、「共感」と「学び」を得たことを話しています。過去に読んだ本から受けた影響を振り返ってみましょう。興味のないビジネス書などを読んで、無理やり考えるのはNGです。ありきたりな回答になり、自分の「特徴」とのつながりも薄くなってしまいます。

NG 回答例 1

　私のおすすめは『ハリー・ポッターシリーズ』です。20世紀末のイギリスを舞台に、魔法使いのハリーの学校生活や、世界の支配をたくらむ強大な闇の魔法使いヴォルデモートとハリーの戦いを描いた超大作です。

ここでは、本の概要を簡潔に説明する必要はありますが、あらすじを紹介する必要はありません。本自体よりも、「その本から受けた影響」が重要なので、本の紹介で終わらないように気をつけましょう。

Q07 お勧めのテレビ番組は何ですか？

面接担当者の質問の意図

- 好きな番組やジャンルを知り、興味、関心がある分野を知りたい。
- 「どのような視点で番組を見ているか」を知りたい。ここから、「今後、どのような物を作っていきたいか」が見える。
- 「その番組をどのようにとらえ、理解しているか」を知りたい。

あなたが伝えるべきこと

- 好きなテレビ番組を具体的に答える。
- 「なぜ、その番組を勧めるのか」の理由と、自分の考えを具体的に話す。しっかり番組を研究すれば、自分なりの見方が出てくるはず。
- 番組から受けた影響についても明確に話す。

OK回答例 ①

　サッカー中継です。私はサッカー観戦が趣味で、日本代表の試合はもちろん、Jリーグや海外リーグの試合もできるだけ見ています。私は、困難なことにぶつかると、つい逃げ出したくなります。しかし、サッカー中継で選手の頑張りを見ると、勇気と希望を与えてもらえます。今、所属しているテニス部で結果を残すことができず、壁にぶつかっています。活躍しているサッカー選手のように努力を惜しまず取り組み続けたいです。

この質問では、「番組から受けた影響」を話すことが大切です。自分の「特徴」とつなげられるといいでしょう。また、この質問はテレビ局などで聞かれることが多いので、番組に対する意見が言えると、「こういうモノ作りがしたい」という将来的な展望も伝えることができます。

注意点

・テレビ局やラジオ局で多い質問です。普段から見ている番組についてしっかり考えを持っておきましょう。
・必ずしも、面接を受けている放送局の番組でなくてもOK。素直に自分の興味のある番組を挙げましょう。

この質問は「どれだけ番組をしっかりチェックしているか」が重要です。普段見ていない番組を挙げると詳しく話せなくなり、見ていないことが伝わってしまうので、普段見ている番組を挙げましょう。

あなたの好きな国や街を紹介してください。

面接担当者の質問の意図

- 好きな国や街を聞くことで、どこに興味、関心があるのかを知りたい。
- 「なぜその国や街が好きなのか」を知りたい。
- 好きになったきっかけや思い入れのある部分を知ることで、その学生の経験や人間性を探りたい。

あなたが伝えるべきこと

- 好きな国や街を具体的に述べる。
- 「なぜ、その国や街が好きなのか」の理由を具体的に話す。その国や街での経験などを交えて話すことで、人間性も伝わる。
- その国や街への思い入れも話す。

OK 回答例 ①

　私は海外旅行をしたことがないので、私が生まれ育った街であり、大好きな街でもある、横浜を紹介させてください。横浜は明治初期から海外との交易の窓口として栄えてきました。今でも山下公園、元町、外人墓地など、当時の面影を残した観光名所はたくさんあります。海外との接点として反映した横浜で生まれ育ったことを誇りに思っているので、本社を横浜に持ち、横浜の人々から信頼されている御社に、大変興味を持ちました。

回答は、外国でなくてももちろん OK です。重要なのは、その土地だからこその「理由」があるかどうかです。回答例にあるように、「外国との接点」という横浜ならではの「理由」を挙げるのもいいでしょう。また、話を志望している企業につなげられるとさらに良いです。

NG 回答例 ①

　ドイツが好きです。きっかけはドイツ語の授業で、ドイツの街並みを見たことです。まだ行ったことはないのですが、街には古くからの家屋が残っており、そういう伝統などを重んじる部分が素敵だなと思います。

「行ったことがない」は基本的に NG。その国や街での経験があってこそ、思い入れが強くなります。例でも「実際に見に行った時に迫力と歴史の重さを感じた」など、経験が入ると良いです。

Q09 自分を表すキーワードを5つ挙げた後、さらに5つ挙げてください。

面接担当者の質問の意図

● あなたの特徴や良さを知りたい。

● 「自分自身のことをどこまで理解できているか」を確かめたい。

● 「自分に自信を持っているかどうか」を探りたい。

● 自分自身を理解し、自分を的確に表現できるかどうかを確認したい。

あなたが伝えるべきこと

● 自己分析をした結果、出てきた自分の特徴や良さを述べる。キーワードはすべて近い特徴を持ったもので OK。

● キーワードを簡潔に答えれば良い。

● 就活中も自己分析を続けることで、特徴が分かる。

OK 回答例 ①

　はい、まず「粘り強さ」、「根性がある」、「負けず嫌い」、「継続力がある」、「向上心」の5つです。

　さらには、「こつこつ努力できる」、「前向きに物事を考えられる」、「根気がある」、「妥協しない」、「実行力がある」の5つです。

この学生は10個すべて答えていますが、主に「粘り強さ」を表したキーワードが多く出ています。つまり、この学生の「特徴」は「粘り強さ」なのです。このように、「特徴」からブレないキーワードを答えることが大切。答える際は、自分の「特徴」から導き出して考えれば簡単です。

NG 回答例 ①

　「明るいところ」、「積極性」、「主体性」、「責任感」、「何事も目と足を使って確かめる」という5つです。

　あと5つは、「協調性」と「リーダーシップ」、「忍耐力」、「計画的」、あと「じっくり物事を考えるところ」です。

その場しのぎで思いつくままに述べると、矛盾が生じます。「目と足を使う」と「じっくり考える」はイコールではありません。できれば10個すべて答えたいですが、最低5つは考えておきましょう。

Q10 今まで受けたサービスで、最も良かったサービスを教えてください。

面接担当者の質問の意図

● 「どのようなサービスに良さを感じるか」を知りたい。そこから、**考え方や価値観**が分かる。

● 「サービスとはどんなものだと考えているのか」、学生の具体的な意見や考え方を知りたい。

あなたが伝えるべきこと

● 今までに受けて「良かった」と思ったサービスを、**具体的なエピソード**と「なぜ、良いと感じたか」の**理由**を交えて話す。

● 自分にとってサービスはどんなものだと思うのか、自分なりの意見や考えを、明確に述べることが大切。

OK 回答例 ①

　家族で祖母の誕生日祝いのためにホテルで食事をしたときのことです。ホテルはさまざまな目的で利用されますが、スタッフの方は私たちが利用した目的をきっちり把握されていて、「今日はおめでとうございます」と声をかけてくれました。多くのお客様が利用されるにもかかわらず、一人ひとりに合ったサービスをされていることに驚きました。私もお客様一人ひとりが求めていることを理解し、仕事に取り組むことが目標です。

この学生は、具体的な経験とともに、「どの部分に"良さ"を感じたのか」を明確に話せています。この質問では、誰もが驚くようなサービスではなくても、自分の経験から「良い」と感じたサービスのエピソードを話しましょう。そこから、自分の目標が見つけられるといいでしょう。

NG 回答例 ①

　以前、友人と旅行に行ったのですが、その時に利用したホテルのサービスに感動しました。まるで自宅に帰ったときのような安心感とくつろぎを提供してくれたのです。これこそサービスの真髄だと感動しました。

この質問でも抽象的な表現はNGです。例えば、「ゲスト好みの照明や音楽を設定してくれて、まるで自宅みたいにくつろげた」など、具体的に「何のサービスがどう良かったのか」を話す必要があります。

Q11 どうして今日はその格好を選んだのですか？

面接担当者の質問の意図

- 服装を通じて、**学生の考え方**を知りたい。その格好を選んだ、**その学生なりの理由**を聞きたい。

- 「就活では一般的にこの服装だから」ではなく、「どのようなことに対しても**主体的な意見や考えを持っているか**」を知りたい。

あなたが伝えるべきこと

- 「なぜ、就活でこの服装なのか」、服装を通じて、**自分なりの考え**を明確に述べる。

- そう考える理由もしっかり話す。

- オシャレや身だしなみのポイントを聞いているわけではない。

OK 回答例 ❶

　就職活動は社会人になるための第一歩です。本日スーツで来たのは、スーツが社会人としてふさわしい格好であり、また身だしなみでもあると考えるからです。出会う方に不快な思いをさせないように、マナーや身だしなみに気をつけることは、社会人として必要なことだと思います。

この学生は明確に「理由」を話せています。もちろん、人によって考えは異なると思いますが、自分の立場や状況を考えることが大切です。また、どの質問でも、「回答」や「理由」をしっかり話せている場合は、長々と話す必要はありません。簡潔に答えることも必要です。

NG 回答例 ❶

　面接という場が就職活動の一環だからです。就職活動中は、スーツで行動することが一般的です。私はそのようなルールやマナーを守ることが大切だと考えているので、本日もスーツで来させていただきました。

スーツだったとしても、「就活だから」は理由になりません。こう答えた時点で「主体性がない」と受け取られます。何よりも社会人として、その格好をする「理由」を考えることが大切です。

Q12 「自分らしい服装で面接に来てください」と言われたら、どんな服装で来ますか？

👆 面接担当者の質問の意図

- 「行動や言動に責任を持てるか」を知りたい。「会社の看板を背負う立場になっても、立場を意識して物事を考えられるか」を探りたい。
- 「なぜ、面接でその服装を選んだのか」の理由を知りたい。
- 「仕事中も服装が重要なことを理解しているか」を確認したい。

👆 あなたが伝えるべきこと

- 回答はスーツでも私服でもどちらでも良い。「なぜ、その服装なのか」の理由を明確に話すことが大切。
- 面接という重要な場での服装をどのように考えているのかを話す。
- 服装で何を表現し、伝えたいと考えているのかを話す。

OK 回答例 ①

　普段着慣れているズボンとジャケットです。面接を受けるに当たり、一番リラックスでき、普段の自分を出せる服装とはどのようなものかと考えました。そのように考えて浮かんだ服装が、普段着なれているズボンとジャケットでした。面接では限られた時間で自分を理解してもらわなければならないので、少しでもリラックスできるようにしたいと思いました。

具体的な服装は何を答えてもOK。ただ、この質問でも「理由」が必要です。この学生は「リラックスして普段の自分を出すため」という「理由」を明確に話せています。社会人になれば、服装にも責任を持つ必要があります。服装に「理由」を見出せている学生は、企業側も安心なのです。

NG 回答例 ①

　私服で来ます。私の趣味はヴィンテージジーンズを集めることです。つまり、私らしさというと、やはりヴィンテージジーンズだと思うので、お気に入りのジーンズを履いて来たいと思います。

この質問での「自分らしい」は、服装に対するこだわりではなく、あくまで「人間性」の部分での「自分らしさ」が聞かれていることを覚えておきましょう。このような回答では自分らしさは伝わりません。

Q13 あなたを動物に例えると何ですか？

面接担当者の質問の意図

● ストレートな質問とは角度を変えて「あなたがどういう人間であるか」を確認したい。

● 「自分自身のことをしっかり理解しているかどうか」を知りたい。

● 回答の一貫性を見たい。特徴や良さにズレがないかを確認したい。

あなたが伝えるべきこと

● あくまで自分の特徴や良さを踏まえたうえで、動物に例える。動物を先に考えると、特徴と一致しない場合があり矛盾が生じる。

● 特徴にまつわる具体的なエピソードを話す。

● ウケを狙うのは NG。

OK 回答例 1

　アリです。アリとキリギリスの物語はご存じだと思います。物語の中のアリのように、私も、決して器用とは言えませんが、常に計画的に物事を進めたり、考えたりできる人間だからです。試験でも、直前になって焦ることがないよう、普段から復習を欠かさず、余裕を持って勉強を進めるようにしてきました。そのお陰で試験前でも焦らず勉強できますし、試験が終わってもその知識は自分の力になっています。

「計画的」という「特徴」と「アリ」をうまくつなげて話せています。何かに例えるような質問の場合は、自分の「特徴」から動物などを考えると、答えやすいでしょう。また、「動物に例える」という要素が増えただけで、自己 PR と変わりはないので、自分を存分にアピールしましょう。

NG 回答例 1

　私はネズミだと思います。体や顔が小さく、前歯も少し大きいので、周りからもよく「ネズミみたいだね」と言われます。私は意識していませんが、動作もすばしっこいようで、よく友人にからかわれています。

身体的特徴を動物に例えても、何のアピールにもなりません。「人間性」を例えましょう。また、ウケを狙おうとする学生もいますが、笑いを取ることが採用につながるわけではないので、必要ありません。

Q14 当社を色に例えると何色だと思いますか？

面接担当者の質問の意図

- 「どのような会社だと判断しているか」を知りたい。
- 「自分が面接を受けている会社には、どのような良さや特徴があると思っているのか」を知りたい。「企業研究を行っているかどうか」を確認でき、企業への熱意を測ることもできる。

あなたが伝えるべきこと

- 具体的な色と、「なぜ、その色なのか」の理由を明確に話す。
- 会社の特徴や良さから考える。会社の特徴や良さを述べることは志望動機とつながってくるはず。
- 企業研究や同業他社と比較することで、会社が見えてくる。

OK 回答例 ①

　「赤」です。御社のこれまでの活動や、仕事内容を拝見していると、現状に満足することなく、次から次へと新しい挑戦をしていると感じます。その姿から、常にアグレッシブに前へと進んでいく、熱意と意欲を感じたので、「赤」がふさわしいと思いました。そんな熱意と意欲を持っている御社を、とても魅力的だと感じました。また、私自身も常に少し先を見て努力をするタイプなので、御社を強く志望しています。

会社の「特徴」や「良さ」から色を考えることが大前提。この質問の意図は、「何色か」を聞くことではなく、「会社のどこを見ているか」なのです。また、この質問も「色に例える」という要素が増えただけで、志望動機と大きな違いはないので、会社に感じている「魅力」を話しましょう。

NG 回答例 ①

　御社は「青」だと思います。なぜかというと、まずコーポレートカラーや社名のロゴが青ですし、社員の方の制服も青を基調としています。それらの印象がとても強いので、「青」だと思います。

コーポレートカラーやロゴの色などは確かに印象に残りやすいですが、それはあくまで表面的な印象であり、具体的な「理由」ではありません。「会社の表面しか見ていない」と判断されてしまいます。

133

Q15 あなたをスポーツ選手に例えると誰ですか？

面接担当者の質問の意図

- ストレートな質問とは角度を変えて、「あなたがどういう人間であるか」を確認したい。
- 「自分自身のことをしっかり理解しているかどうか」を知りたい。
- 特徴や良さにズレがないか、回答の一貫性を確かめたい。

あなたが伝えるべきこと

- あくまで自分の特徴や良さを踏まえたうえで、具体的な選手に例える。「同じスポーツをしていた」というつながりは NG。
- 特徴にまつわる具体的なエピソードを話す。
- ウケを狙うのは NG。

OK 回答例 1

　ゴルフの石川遼選手です。10 代から活躍しているにもかかわらず、努力を怠ることなく全力を尽くす姿勢は尊敬しますし、とても共感します。

　私は高校時代に、10 年間続けてきたバスケットボールで、インターハイに出場することができました。現在は、その経験に満足することなく、より難易度の高い技の習得を目指して頑張っています。常に目標を掲げて努力できるところは、石川選手と似ていると思います。

この学生は、石川選手の「特徴」と自分の「特徴」をつないで、具体的に話せています。この質問では、「どんなスポーツをしているか」は関係なく、「どのような特徴が似ているか」を伝えることがポイントです。つまり、この質問も自己 PR と同じなので、自分の「特徴」を伝えましょう。

NG 回答例 1

　私は小学校から 10 年間、野球を続けています。ポジションはピッチャーで、ボールのスピードとコントロールには自信があります。高校時代は、「ダルビッシュ有投手のようだ」と褒められたこともあります。

勘違いしやすいのですが、この質問で面接担当者が聞きたいのはあくまで「人間性」であり、過去のスポーツ歴ではありません。エピソードとして、スポーツ経験を交えるのは OK です。

Q16 あなたをオーケストラの楽器に例えると何ですか？

第5章 意図が分かりづらい質問

面接担当者の質問の意図

- 「自分の役割をしっかり理解できているかどうか」を知りたい。
- 「どのような立場や状況で活躍できるのか」を確認したい。
- グループディスカッションやグループワークでの役割との、貫性を確かめている場合もある。

あなたが伝えるべきこと

- 「自分がオーケストラの中の何に当たるのか」を楽器名で答える。
- 「なぜ、その楽器なのか」の理由を明確に答える。**自分の役割と関連させて答えると伝わりやすい。**
- オーケストラをよく知らなくても、イメージで答えればOK。

OK 回答例 ①

　チェロです。オーケストラの中でチェロは演奏の主役になる存在ではありませんが、「縁の下の力持ち」のような役割が自分に近いと思いました。私はサッカー部のマネジャーでしたが、大事な試合を控えた時期に足首を捻挫した選手がいました。その選手が早期復帰するにはどうすればいいのかを考え、リハビリの方法を調べて取り組んでもらいました。結果、予定より早い復帰と、試合で決勝点を奪う活躍につなげることができました。

チェロの「縁の下の力持ち」という「役割」とつなげて話せています。この学生のように、「役割」をつなげた回答はもちろん、「チェロが発する低音には安心感がある」というように「特徴」をつなげた回答も良いです。ただ、どちらの場合もエピソードや具体例が必要です。

NG 回答例 ①

　バイオリンだと思います。自分は普段、グループで行動する際には、皆を引っ張っていくことが多く、客観的に見ると目立つタイプだと思うので、オーケストラの中では華のあるバイオリンだと思います。

「役割」を入れているのは良いですが、具体的な「理由」がありません。この回答では「理由」があいまい過ぎます。その「役割」に関するエピソードを交えることで、自然と「理由」が出てくるはずです。

Q17 外国人が日本に来たら、どこを案内しますか?

面接担当者の質問の意図

- 「日本の良さがどこにあると感じているか」を知りたい。
- 「学生の興味や関心がどこにあるのか」を知りたい。
- 「他者に、自分の所属する場所の良さを伝えられるか」を確認したい。
- 人気があるなどではなく、自分なりの考えを持っているかを探りたい。

あなたが伝えるべきこと

- 具体的な場所を述べ、「なぜ、そこなのか」の理由を明確に話す。過去の経験などがあれば、盛り込んで話す。
- 「なぜ、そこの良さを伝えたいのか」の理由も明確に話す。
- 有名でなくても、自分なりの考えを話せる場所であればOK。

OK 回答例 ①

京都です。私は京都で生まれ育ちました。京都には、お寺や庭園など、日本の伝統の良さが残る場所がたくさんあると思います。京都を案内することで、日本の伝統文化や習慣を伝えたいと思います。

その中でも、私が得意な歴史をもとに、「清水寺」について、詳しく解説したいです。歴史を交えて解説すれば、よりイメージしやすいと思うので、日本や京都の良さを理解してもらえるはずです。

「京都」だけでなく、「清水寺を、歴史を交えて解説したい」と、具体的な方法まで話せています。この質問で面接担当者が聞きたいのは、「自分が所属する場所をどのように伝えるか」です。「心からすすめたいと思える場所を、どのようにすすめたら良さが伝わるか」を考えて答えましょう。

NG 回答例 ①

日本庭園の様式の一つ「枯山水」を見せるために京都に行きたいです。息をのむほどの美しさと繊細さに溢れる枯山水は、誰でも心の底から感動できる風景なので、外国の方にも喜んでもらえると思います。

「枯山水があるから京都に」だけでは不十分です。「なぜ、そこの良さを伝えたいのか」を考えましょう。例えば、「昔から続く日本独自の繊細な技術力は、外国にはない伝統だから」などが良いでしょう。

Q18 どのようなことをされたら、あなたは怒りますか？

面接担当者の質問の意図

● 「どのようなことに怒りを感じるか」を知りたい。そこから、**価値観**や**考え方**などを探りたい。

● 「過去に傷ついた、または傷つけてしまった経験があるかどうか」、また「その経験をどのように乗り越えたのか」を知りたい。

あなたが伝えるべきこと

● 過去に怒りを感じた経験の具体的なエピソードを交える。

● 「なぜ、それに怒りを覚えたのか」の**理由**を明確に話す。

● 自分が怒りを覚えた話だけでなく、怒らせてしまった経験から、学んだことを話しても良い。

OK 回答例 1

　人に嘘をつかれたときです。私は、サークルでの人間関係やコミュニケーションを大切にしています。その中で、人の役に立てることは自分にとっても大きな喜びであるので、時間を惜しみません。いい人間関係を築くためには、信頼関係が大切だと思います。だからこそ、人に嘘をつかれたときは本当に残念で、信頼も一気に壊れてしまうと思います。嘘をつかれたら、自分の怒りを抑えきれないと思います。

嘘に怒りを感じる「理由」を話せています。この質問は、過去の経験から考えると答えやすいですが、自己PRから「大切にしていること」を見出すことで分かる場合もあります。この学生は「人間関係」を大切にしているからこそ、「嘘」に怒りを覚えることが分かりました。

NG 回答例 1

　恋人に裏切られたことです。2年間付き合っていて、私は絶対の信頼を寄せていたのですが、実は2年間ずっと別の子とも付き合っていたんです。まさか、**騙されている**とは思っていなかったので、**怒り心頭**でした。

本当に怒りを覚えた話なのだと思いますが、内容が深刻過ぎます。また、面接で恋愛のエピソードを話すことは避けましょう。恋愛は感情に左右されることが多いので、自己アピールには適さないのです。

Q19 1日芸能人になれるとしたら、誰になって何をしたいですか?

☞ 面接担当者の質問の意図

- 「何をしたいのか」を知りたい。「どのような物事に興味があり、チャレンジしてみたいと思っているのか」を聞きたい。
- 「誰になりたいかを考えることで、自分自身がどのような人間かを理解しているか」を確認したい。

☞ あなたが伝えるべきこと

- 具体的な芸能人名と、「なぜ、その人になりたいのか」の理由を、明確に話す。
- 「その人になって何をしたいか」を具体的に話す。また、「その人になったことで、自分のどんな良さを生かせるのか」も話す。

OK 回答例 ❶

　女優の新垣結衣さんです。彼女はドラマや映画だけでなく、ドキュメンタリーに歌にと、いろいろなジャンルで活躍しています。また、子どもからお年寄りまで、幅広い年齢層から支持されています。私も、彼女のようにいろいろなことにチャレンジして、新たな自分を発見したいです。新たな挑戦により、今まで気がつかなかった自分の良さを知ることもできると思います。そうすることで、将来の可能性も広がると思っています。

この質問では、「その有名人になったことで何を得られるか」を考えることが大切です。この学生は、「新垣結衣さんになることでさまざまな経験をし、新たな自分に気づける」と、具体的に話せています。ここから、普段の「価値観」や将来的な「目標」なども見ることができる質問です。

NG 回答例 ❶

　私は EXILE のファンなので、EXILE のメンバーになってみたいです。そして、横浜アリーナなどの大舞台に立ってみたいです。憧れの人が普段見ている景色を体感することで、より EXILE について知ることができると思います。

この質問も、好きな人について語る場面ではありません。「ファンだからなってみたい」は当然 NG。あくまで選考の場であることを忘れずに、「自分を成長させるため」を考えて答えましょう。

Q20 ハワイに行ったら何が したいですか？

面接担当者の質問の意図

● 「ハワイでしてみたいことは何か」を聞くことで、学生の興味や関心のあることを知りたい。

● 「提示された場所の状況や環境を瞬時に理解できるか」を知りたい。その学生の判断力も確認したい。

あなたが伝えるべきこと

● ハワイでしてみたいことを1～2つ、具体的に述べる。

● 「なぜ、それをしたいのか」の理由と、「することで自分にどのような影響があるか」を明確に話す。

● 単にやってみたいことを羅列しても意味がない。

OK 回答例 ①

　私は一度もハワイに行ったことがないので、多くの人が「印象的だ」と話す、美しい海を見たいと思います。私はどのようなことも、活字や人からの情報だけには頼りません。自分の時間を費やし、自分の足を使って、肌で感じることを心掛けています。ですから、ハワイの美しい海も自分の目で見て、どのくらいの感動があるのかを確かめたいです。また、できれば実際に泳ぐことで、ハワイの海を体感したいと思います。

行ったことがない場合は、素直に話して大丈夫です。この学生は、「行ったことがないからこそ、自分の目で海を見たい」と「理由」をつなげられているところが良いです。また、同時に「何事も自分の目で見て、肌で感じる」という自分の良さもアピールできているのが良いでしょう。

NG 回答例 ①

　ショッピングがしたいです。ハワイならではのアクセサリーや服が欲しいです。もちろん、海も行きたいですね。海で泳いだ後は、ウクレレとか、ハワイの文化に触れて、それを習得できたら良いなと思います。

旅行の計画を立てているわけではないので、やりたいことを思いついたままに話すのはNG。この質問でも、「外国の文化を知ることで発想力が鍛えられる」など、「なぜしたいのか」の「理由」が必要です。

Q21 臨時収入で 10 万円を手にしたら、どのように使いますか？

面接担当者の質問の意図

- 「どのような物事にお金を使うか」を知りたい。
- お金の使い方を聞くことで、「普段どのようなことを考えて生活しているか」、価値観や考え方を知りたい。
- 打ち込んでいることや目標などとのつながりを聞きたい。

あなたが伝えるべきこと

- 使いたい物事と、「なぜ、それに使うのか」の理由を具体的に話す。お金に対する価値観や考え方を自分の中で整理しておくといい。
- 10 万円という現実にありうる金額の場合、使いたい物事は普段の生活とつながるはず。例えば、「部活の用具を新調したい」など。

OK 回答例 ①

　私の趣味は旅行です。もし 10 万円あったら、以前から行ってみたいと思っていたインドを旅します。普段から、旅行のために計画的にアルバイトを行ってお金を貯めています。温泉や京都など、国内の近場への旅行はよく行きますが、なかなか海外旅行にお金を費やすところまでは達しません。臨時収入だからこそ、普段できないことにお金を費やし、非日常の経験をして、今後の自分に生かしたいと考えます。

この学生は「趣味」である旅行に使うと答えています。このように普段の生活とつなげると、自分の「価値観」や「視点」が伝えられます。また、「臨時収入」ということも意識して答えられています。「臨時収入」なので、あまりにも堅実な使い方だと「夢がない」と思われてしまいます。

NG 回答例 ①

　普段、あるだけお金を使ってしまうので、いざというときのために貯金します。やはり、将来に向けて備えておくことは重要ですし、備えておいて損はないと思います。なので、10 万円あったら貯金します。

「貯金」という回答は少なくないと思いますが、この学生の場合、「あるだけ使う」と言っているので、「今までは貯金してなかったの？」と計画性を疑われかねません。目的があっての貯金なら OK です。

Q22 100万円あったらどのように使いますか？

面接担当者の質問の意図

● 「大金をどのように使うか」、価値感や使い道を知りたい。

● 学生の場合、ある程度の夢が叶う金額であるため、ここから学生が普段考えていることが分かる。

● 「どのように使うか」で、物事の優先順位を聞きたい。

あなたが伝えるべきこと

● 使いたい物事を具体的に話す。普段、考えている夢や目標だと、使い方も具体的に見えてくるはず。

● 使いたい物事は、自分のためでも誰かのためでも OK。

● 現実感のない使い方や、理由のない使い方は NG。

OK 回答例 1

　私が卒業した高校のバレー部の部費として寄付したいです。私は高校時代に部活に打ち込んでいました。しかし、部費が少ないことで、必要な道具を購入することもコートを借りることもできませんでした。部費として寄付することで、必要な道具が購入できたり、必要な数だけコートを借りることができるので、十分な練習が可能になります。後輩たちには満足のいく部活動をしてほしいという願いがあるので、寄付します。

この回答から、この学生が「自分が所属した場所」を大切にしていることや、部活に力を入れていたことが分かります。また、自分のためではなく、部活のため、他人のためにお金を使いたいということからも、その人の考え方や人柄が伝わってきます。

NG 回答例 1

　今までしたことがないし、今後できるかも分からないので、世界一周旅行がしたいです。100万円が自由に使える機会は、そうそうないと思います。ですから、普段できないような、すごい使い方をしたいです。

この質問も、「理由」がない回答は当然 NG。ただやりたいことを話すだけでなく、「好奇心旺盛で世界中を自分の目で見たいので、世界一周旅行します」など、自分とつながる「理由」を必ず話しましょう。

Q23 今年の春の流行色は何色だと思いますか？

面接担当者の質問の意図

● 社会の流行に対する考えや意見を聞くことで、その学生ならではの視点や価値観を聞きたい。
● 「自分なりの考えを持ち合わせているか」を確かめたい。
● 「このような質問でも自分をアピールできるか」を確認したい。

あなたが伝えるべきこと

● 春の流行色を通じて、自分なりの考えや意見を述べる。
● 世の中の流れや状況を交えて考えると、説得力のある意見になる。
● 雑誌などの情報を伝えるだけでは不十分。

OK 回答例 ①

　今年の流行色は、ターコイズブルーと言われていますが、私もそう思います。春と言えば、入学、入社、進級など明るいイベントが多くあります。だからこそ、心が晴れやかになるような色が流行すると思います。私も最後の学生生活を後悔しないように、晴れやかな気持ちで進級して過ごしたいと思っているので、鮮やかで清々しい色であるターコイズブルーを身につけたいと考えています。

この質問では、世の中の流れに加えて、自分なりの「意見」を入れることが大切です。この回答では、春の流行色について話すことで、自分が大切にしたいこと、今後の自分について触れている点がいいでしょう。単に流行色についての解説や意見を述べるだけではNG。

NG 回答例 ①

　今年の春の流行色は、気分をパッと明るくしてくれるようなビタミンカラーだそうです。また、環境への関心が高まっているので、アースカラーとパステルカラーの中間色も注目されると言われています。

実際の情報を伝えることも大切ですが、そこに自分の「意見」を加えることが重要。調べたことだけを話すと、あなたの「特徴」が見えませんし、「自分で考えられない」と思われる可能性もあります。

Q24 何か最後に言いたいこと、あるいは質問はありますか？

面接担当者の質問の意図

- 「学生に納得して面接を終えてもらいたい」という思いがある。
- ここで発言や質問があるかないかは、選考には関係ない。

あなたが伝えるべきこと

- 特になければ、無理に考えて話す必要はない。
- 最後にもう一度、これだけは伝えたいと思うことがあれば言うのもよい。
- くだらない質問は NG。企業研究や説明会で分かっているはず。

OK 回答例 1

　先程、学生時代に打ち込んだことを通じて、自分の特徴をお伝えしました。私のよさである、計画的に物事を進めることが出来る点を御社でも活かし、社内・社外問わず信頼関係を構築していきたいと思います。
　本日はありがとうございました。

説明会などで質問は解消されているはずですし、面接を通して言いたいことはすべて話せていることが望ましいです。また、無理して何か言う必要もありません。その場で考えた質問や話は内容が薄く、何のアピールにもならない場合がほとんどです。

NG 回答例 1

　ひとつだけ質問があるのですが、よろしいでしょうか。もし、内定をいただけた場合、希望の部署へ配属されることなどはあるのでしょうか。

例のような質問は、企業研究や説明会の中で、既に分かっているはずの内容です。もちろん、面接担当者は答えてくれると思いますが、「今まで何を聞いてたんだろう？」と思われかねません。

143

面接での評価ポイントはどこ？

　ここまで、出題率の高い質問に対する回答例をたくさんご紹介してきましたが、改めて、面接担当者が確認している点、評価するポイントについておさらいしましょう。以下のポイントをしっかりと意識して面接に臨めば、ぐっと内定に近づけるはずです！

ポイント ① 自分自身をしっかり理解しているかどうか

　第1章でも述べましたが、面接で最も大切なのは「自己分析」。自己分析がしっかりできていれば、自分の特徴、長所、短所などがちゃんと理解できているはず。人に伝えるには、まずは自分自身を理解することが大切なのです。

ポイント ② 自分の良さや特徴を、伝えられているかどうか

　自分の良さや特徴が分かったら、次に、それをどう伝えるかを考えましょう。過去の自分の経験やエピソードを交えて話すとぐっと説得力がUP。伝わる話し方をするためには、言葉の選び方や表現方法にも気をつけましょう。

ポイント ③ 自信を持って自分の経験を話せているか

　面接で大切なのは、自分の経験に自信を持つこと。「ありきたりな経験しかしていない」と、自信が持てないと相手にも伝わり、「働き始めてからも自分の仕事に自信が持てないのではないか」と危惧されてしまいます。

ポイント ④ 仕事へのやる気や、企業への熱意があるかどうか

　面接では「自分の良さや特徴」ともう一つ、「企業への熱意」も大きな評価ポイントになります。なぜなら、企業への熱意がある人は、働き始めてからも成果を残せるから。業界研究・企業研究は必ず行うようにしましょう。

ポイント ⑤ 等身大の自分を表現できているかどうか

　面接では、自分をよく見せたいと思いがち。つい立派なことを言おうとしたり、珍しい経験を話そうと背伸びしてしまう就活生もいます。でも、それでは本質は伝えられません。等身大の素直な自分を表現しましょう。

CHAPTER 6 第6章

グループディスカッションの
テーマと発言例

最近の選考では、面接の一環として、グループディスカッションも
数多く行われています。これには、事前の知識と準備が必要不可欠です。
知らなければ、良い結果を残すことは難しいでしょう。
この章ではグループディスカッションの3種類の方式「自由討論方式」、
「インバスケット方式」、「ケーススタディ方式」のそれぞれを解説します！

自由討論方式

「自由討論方式」とは？

　自由討論方式とは、与えられたテーマに沿って、自由に討論をして結論を導き出すディスカッションのことです。テーマは多岐にわたり、「学生と社会人の違いとは」といった普遍的なものから、「裁判員制度導入について」といった時事問題を取り入れたものなどもあります。普段から新聞に目を通すなど、広い分野での知識量を増やしておくことが大切です。

方向性を決めながらディスカッションを

　正解のないテーマが多いので、話し合いを進める中で、方向性を決めていくことが必要です。そのためにも、最初にきちんとメンバーの役割分担をしておくこと。これは、自由討論方式だけでなく、ディスカッション全般に言えることですが、必ず最初にその場を取り仕切る「司会進行役」、時間を計る「タイムキーパー」、議事録を取る「書記」などの役割分担をしなければなりません。その際、大事なのは、普段から友人関係などで自分が置かれることが多いポジションに就くこと。「司会進行役」などの役割でなくても、例えば、普段からサポート役に回ることが多ければ、グループディスカッションでも、なるべくその役割に徹しましょう。そうすることで、周りで見ている人事担当者にも、特徴が伝わりやすく、ディスカッションもスムーズに進めることができるはずです。

テーマ 例 01 理想の上司とは？

このテーマの意図

- 一緒に働くイメージが持てるか、企業で活躍することができるかを判断したい。
- 「上司」をどうとらえているか、価値観を知りたい。
- 論理性や意見の説得力を確かめたい。

発言のポイント

- なぜそう思うのか、理由もきちんと述べる。
- アルバイトやサークル、部活動など、自分の経験の中で、どのような上司や先輩を理想としているのかを考える。
- 自分の経験に基づいた意見を、具体例を交えて発言する。

OK 発言例

- 私が理想とする上司は、理念を持っていることです。目標に向かって成果を出していく中で困ったことがあっても、進むべき道を迷わずに共有できるからです。

- 私が理想とするのは、責任感のある上司です。私がアルバイトをしていた居酒屋の店長は、私がミスをした際、すぐにお客様に謝りに行ってくれました。この経験から、責任感のある上司は信頼できると思います。

どちらも理由がきちんと述べられています。上の発言は、自分が仕事を始めてからのことをイメージして、尊敬できる上司を述べています。下の発言は、自分の経験を踏まえて、具体例を挙げています。自分がこれまでに出会った中で、理想的な上司に近い人のエピソードを交えると、説得力が増します。

 ## 発言例

　私が理想とする上司は、よくコミュニケーションを取ってくれる人です。コミュニケーションが取れていて会話が多ければ、上司との壁がなくなり、楽しく仕事ができるので、いいと思います。

きちんと理由が述べられていないのでNG。「楽しい」だけでは説得力のある理由にならず、自分が働く姿をイメージできていないと思われます。できるだけ、自分の経験を踏まえた根拠を話しましょう。

50年後、100年後も続く企業とは？

このテーマの意図

- ■「企業や業界にどれくらいの見識があるか」を知りたい。
- ■「どれくらいの興味を持って業界について調べているか」、企業研究・業界研究の深さを確かめたい。
- ■「世の中の動き」に敏感かどうかを確認したい。

発言のポイント

- ■企業や業界に対しての考え方を伝える。
- ■「企業の将来についてどのように考えているか」を述べる。
- ■現在のことだけでなく、10年後、20年後、その延長線上で50年後、100年後についても具体的に考えておくことが必要。

発言例

● 危機をチャンスに変えられる企業が、続く企業だと思います。今までにもいくつかの企業で大きな危機がありましたが、危機と真剣に向き合い、努力し、誠実に対応した企業はさらに成長し生き残っているからです。

● 何事にも意欲的に取り組める企業だと思います。一つの分野に固執するのではなく、時代の流れに合わせて新たな事業を増やせる企業が生き残れると思います。

意見を考える際に、これまで長く続いている企業の共通点を探してみるといいでしょう。上の発言は、過去に問題を起こした企業について言及しており、とても説得力があります。下も同じく、自分なりの共通点を見つけて発言しています。

NG 発言例

50年後は消費者の考え方や趣味嗜好、流行なども全く変わっていると思います。それに、企業に大きな影響を与える経済状況にも、大きな変化が生じているはずですので、私にはよく分かりません。

グループディスカッションでは、必ず自分の意見を述べなければなりません。「よく分かりません」では、参加する気持ちがないのかと勘違いされてしまいます。できるだけ発言するようにしましょう。

テーマ例 03 「成長」に欠かせないものは何?

このテーマの意図

■ 「自分が成長したのはどのようなときか」をしっかり把握しているかどうかを知りたい。

■ 「成長するためには何が必要だったのか」を自分で分かっているか。それを、過去の経験を交えて話してほしい。

発言のポイント

■ 自分がどのようなときに成長したのか。過去のエピソードを交えて、具体的に伝える。

■ 「成長のために必要なこと」もしっかり伝える。仕事を始めてからも成長できる人間であることをアピールする。

OK 発言例

● 成長するということは、自分が大きく変わるということだと思います。失敗したら、自分の考えや行動を改める。この繰り返しで、私は成長できたと思います。

● 多くの経験をすることで人は成長すると思います。私は家庭教師のアルバイトで人に教えることを通して視野が広くなり、自分自身の学び方や価値観なども見直すことができました。

自分の経験を踏まえて、成長に対する考え方を述べましょう。上の発言は、成長に必要なことを的確に述べています。ここに具体的な例を加えるとさらに説得力が増すでしょう。下の発言は、自分のアルバイトの経験を交えて発言できているので、伝わりやすくなっています。

NG 発言例

成長するためには、いろいろと考えることだと思います。いろいろ考えることで、どんなことも成功へ導くことができると考えます。何も考えずに行動していては、成長はないと思います。

「いろいろと考える」ことが必要なのは分かりましたが、なぜそう考えるのか、具体的に述べる必要があります。ただやみくもに意見を述べるだけでは、周りに理解してもらうのは難しいでしょう。

CHAPTER 6-2
インバスケット方式

▌「インバスケット方式」とは？

　インバスケット方式とは、テーマとそのテーマに沿ったいくつかの選択肢が与えられて、その中から選んだり、順番をつけたりするディスカッションのことです。「スーツを購入するとき、①価格　②生地の良さ　③ブランド　④色の中からどれを優先するか、順番をつけなさい」といった正解がないテーマから、「外出先から戻ると、デスクに①お客様　②社長　③部下　④消防署から電話があったとメモがありました。どこへの連絡を優先しますか？」といった、社会人としてある程度正解があるものまで、テーマはさまざまです。なぜそう考えるのか、根拠や理由をしっかり述べることが必要です。

▌大事なのは「全員で選考を突破しよう」 という気持ち

　インバスケット方式に限らず、グループディスカッション全般を通して言えることですが、大切なのは、誰かを蹴落とそうとするのではなく、グループのメンバー全員で突破しようとする気持ち。グループディスカッションでは、協調性があるかどうか、コミュニケーション能力があるかどうかを見られています。なぜならば、入社してからは、チームを組んで仕事を行うことが多いので、企業側は、その適性があるかどうかを確認したいと思っているのです。結果を導き出すために、同じグループのメンバーと協力するように心掛けましょう。

テーマ例 01 無人島に [①聖書 ②国語辞典 ③筆記用具 ④方位磁石 ⑤オセロ] のどれを持って行きますか?

このテーマの意図

- 正解がないテーマなので、価値観がよりはっきり分かる。
- 具体的なシチュエーションを設定することで、考え方や行動パターンを知りたい。
- 自分の意見を述べつつ、他人の意見も聞けるかを知りたい。

発言のポイント

- 日常にはないシチュエーションではあるが、「どうしてそれが必要だと考えるのか」を、実例を交えて話す。
- 自分と異なる意見の人に、「どうしてそのように思うのか」と質問をするのもOK。

 OK 発言例

- 私は筆記用具です。私は6年前から日記をつけています。無人島での生活は貴重なものなので、今後の成長のためにも日記に書きとめておきたいです。

- 私は国語辞典です。国語辞典を使うのは何かを調べるときだけなので、時間のあるこの機会に、じっくり読んでみたいと思います。あまり使わない言葉の意味が分かり、とてもいい機会になると思うからです。

どちらの発言も、考えや価値観を、具体例とともに話せています。上の発言は、既に自分が行っている「日記」を挙げて意見を述べています。実際の経験を交えると、イメージが浮かびやすく、同じグループのメンバーも理解しやすいはず。下の発言も、自分の意見を分かりやすく述べられています。

注意点

グループディスカッションでは、必ず話し合いの末に、結論を出さなければなりません。「多数決で決める」ことは絶対にNG。特に、このように選択肢があるテーマでは陥りやすいので注意しましょう。

多数決では、ディスカッションの意味がなくなってしまいます。正解がないテーマなので難しいとは思いますが、必ずグループの中でどの選択肢を選ぶのかを考え、時間内に結論を導き出しましょう。

02 食品メーカーの営業マンに [①ラグビー部のキャプテン ②ホテルの接客担当 ③介護福祉士] の誰を選びますか?

このテーマの意図

- 営業職に対するイメージを知りたい。
- 「営業職とはどのような仕事と理解しているか」、そこに表れる価値観を知りたい。
- 「どのような軸で人を選ぶのか」を知りたい。

発言のポイント

- 「どのような軸で営業マンの採用を考えるのか」を、理由とともにしっかり伝える。
- これまでにあまり考えたことのないテーマなので、人の意見で自分の考えが変わってもOK。その場合は理由を添える。

 発言例

● 介護福祉士の人です。人の気持ちを理解できたり、気配りができると思うからです。営業職は、お客様の気持ちをしっかりと理解し、必要なサービスや商品を提供しなければならないと考えているからです。

● ラグビー部でキャプテンをしていた人です。営業職は常に数字に追われ、結果を出していかなければならないので、それに耐えうる精神力が必要だと思います。

初めに誰を選んだかをきっちりと述べて、必ず「どのような軸で選んだか」を付け加えることが大切です。上の発言は営業職のサービス面に、下の発言は営業職が結果を出す職種だということに着目して、発言しています。それを述べることで、あなたの営業職に対するイメージを伝えられます。

注意点

グループディスカッションでは、ただ自分の意見を述べるだけではなく、同じグループのメンバーの意見をよく聞くことも大事。できるようであれば、質問をしてみると、ディスカッションの進行にもプラスになります。

テーマによっては、自分の意見が固まらないことも。まずは、人の意見を聞くことで、自分の考えがまとまることもあります。自分一人で考え込まず、周りの意見もしっかり聞きましょう。

03 店長の仕事の優先順位をつけなさい。[①お客様のクレーム対応　②商品発注　③人事部に店長面接の希望日を伝える　④アルバイトの人数調整]

✏ このテーマの意図

- 「物事の優先順位をどのように考えるか」を知りたい。
- 「社会人として、何を優先すべきかがきちんと分かっているかどうか」を確かめたい。
- 「お客様第一の精神があるかどうか」を知りたい。

✏ 発言のポイント

- 店長という責任ある立場として、どのように考えるか。立場をわきまえた発言を心掛ける。
- 正解があるテーマ。社会人として正しい仕事の優先順位を考え、理由も必ず述べる。過去の経験を参考に。

OK 発言例

● ①→④→②→③です。お客様あってのお店なので、すぐにお客様のクレーム対応を行うことが大切です。次にお店の運営のためのアルバイトの確保。人数が足りないとお客様に迷惑を掛けてしまい、クレームにつながる可能性が高くなります。3番目に、商品の発注です。商品が揃っていなければ、お客様の期待に応えることはできません。最後に人事への連絡は、社内でのことなので、後回しにしても問題ないと考えました。

この発言例のように、優先順位と、どうしてそのような順番をつけたかの理由をしっかりと述べることが大切です。接客業ではお客様が最優先。この回答ではお客様第一の視点で優先順位をつけているので、模範的な回答と言えます。自分なりの考えの軸を持つことも必要です。

NG 発言例

えーっと、私は…。①のお客様からのクレーム対応が大事な気もするし、②の商品発注もしなければ、店頭から商品がなくなってしまうし…。すべてが必要に思えるのですが…。

ディスカッション中、考えがまとまらないときは「もう少し考えさせてください」と答えましょう。ダラダラと話す、あるいは黙ってしまうことは、ディスカッションの進行を妨げるので避けましょう。

第6章　グループディスカッションのテーマと発言例

153

CHAPTER 6-3

ケーススタディ方式

ケーススタディ方式とは？

　ケーススタディ方式とは、「もしこうだったら」というケースが与えられて、その中で具体的な対策や方法を話し合うディスカッションのことを言います。「新商品の広告宣伝費を100万円用意します。この100万円を使ってどのように宣伝するのが効果的かを考えなさい」といったテーマが多く、限られたシチュエーションでどんなことができるのかを、しっかりと考えることが大切です。

ディスカッションでは "知識量" を見られる

　ディスカッション全般に言えることですが、特に業界や商品などを限定したテーマが出やすいケーススタディ方式では、その就活生が持っている "知識量" を確かめられます。例えば「"風が吹けば桶屋が儲かる" と同じパターンで "米の輸入が自由化されたら……で始まる、ロジックを考えなさい」というテーマであれば、"風が吹けば桶屋が儲かる" や "米の輸入の自由化" の意味を知らなければ、自分の意見を述べることは難しくなります。普段から、ニュースを見る、新聞を読むなど、社会の流れや起きている出来事をチェックするようにしましょう。とはいえ、もし、分からないテーマが出題されても、黙ってディスカッションに参加しないのはNGです。ディスカッションでは発言回数もチェックされていますので、自分の素直な考えを発言するようにしましょう。

01 50万円のバッグを販売するには、どうすればいいかを考えなさい。

このテーマの意図

- 学生の発想や、独創性を探りたい。
- 与えられている条件が少ないので、テーマからどのように考えて、"軸"を持ち、ディスカッションを進めていくか。自分たちで方向性を決めることができるかどうかも知りたい。

発言のポイント

- 学生だからこそ思いつくような、発想力が大切。普段の買い物などの、実体験を踏まえて発言すると良い。
- 専門的なことや、正しい発言は必要ない。自分の考えを固めて、ストレートに発言し、周りの意見も素直に聞くこと。

OK 発言例

● 幅広い年齢層をターゲットにするため、インターネットでの販売がいいと思います。学園祭で企業とのコラボ化粧品を販売した経験がありますが、インターネットでの販売が最も売れ行きがよかったです。今は店舗に足を運ぶよりも自宅で情報収集しながら購入できることが魅力なのかもしれません。

テーマが広いので、まずは、バッグを販売する層の年齢、条件、目的などを絞りましょう。メンバー全員で共通のイメージを持ち、ディスカッションを進めていくことが大切です。

NG 発言例

　50万円という高価なバッグは、私は買ったこともありませんし、想像もつきません。金銭的に余裕のある方々が買うとすれば、通販ではなくデパートで販売するのがいいのではないでしょうか。

与えられた条件を自分だけに当てはめて、「関係ない」と言い切ってしまっています。「もしこうだったら……」という発想力に欠けていて、ディスカッションが進まないので問題です。

グループディスカッションのテーマと発言例　第6章

155

テーマ例 **02** デパートの屋上駐車場を、どんなことに利用すれば、売り上げ向上につながるか考えなさい。

 このテーマの意図

■ デパート利用者についてどのように理解し、考えや発想を展開していくのかを聞きたい。

■ 「どのようなことに人々が消費するのか」、「景気の波に負けないようなビジネスとは何か」を考えているかどうかを探りたい。

 発言のポイント

■ ポイントはデパートという点。デパートの売り上げにつながる方法を、理由とともに伝える。

■ 単に駐車場の利用方法を考えるだけでなく、どのような目的で、どのような年齢層に対してのサービスかも伝える。

OK 発言例

●最近はペットを飼う人が増えています。そのような人たちがデパートをペットと一緒に利用できるようなスペースを作り、ペット用品売り場の拡大を行ってはいかがでしょうか。

どんな層がデパートを利用するのかを考えてから、屋上で何をするかを決めています。ペットを飼っている人をターゲットにするのは良いアイデアです。さらに、ペット用品売り場の拡大という、売り上げにつながる方法も考えられているので好印象です。

 発言例

ペットブームとは言え、ペットと共にデパートを訪れるというのは、イメージしにくいです。ペットと一緒に行くのは、公園や広場ではないでしょうか。

人の意見をただ否定するだけでは、ディスカッションが進みません。なぜ好ましくないと考えるのか、その根拠や理由も述べることが大切です。まずは人の意見を認めて、発言することを心掛けましょう。

03 1000万円を投資するとして、どんな不動産会社を設立しますか?

このテーマの意図

- 景気が低迷すると、不動産業界は厳しくなる。その点を踏まえ、想像力を働かせて自分なりの意見を持てるかどうかを探りたい。
- 社会の流れが把握できているかどうか。また、不動産業界について知らないと答えられないので、知識量も確認したい。

発言のポイント

- 景気低迷の時期、不動産会社が生き残るにはどうすればよいか。具体的な対策や方法を述べる。
- 人によって意見が分散しがちなテーマ。人の意見を否定するのではなく、認めてからディスカッションを進めよう。

OK発言例

● 土地を購入してマンションを建てるには、1000万円では足りないと思います。設立してすぐに金融機関から融資を受けることも難しいと思うので、まずは仲介業から始める方が良いと思います。

● 社員はまずは2〜3名から始めます。というのは、数カ月は会社の利益も期待できず、社員のお給料も投資額の中から出さなければならないからです。

上の発言は事業内容に言及できています。下の発言は、会社の規模について述べられています。さまざまな方向性の意見が考えられるテーマなので、いくつか意見が出た段階で、会社の骨組みを決めて、事業内容を決める、というようなディスカッションの流れを考えることが大切です。

NG発言例

現在の社会状況や景気では、不動産の売買を行うのはなかなか難しいのではないかと思います。だからこそ、堅実に、最初からあまりリスクを負わないような業務内容がいいと思います。

「堅実でリスクを負わないような業務内容」とは何でしょうか。ただ理論を述べるだけでは説得力に欠けます。こういったテーマでは、必ず具体的な方法を発言するようにしましょう。

第6章 グループディスカッションのテーマと発言例

157

グループディスカッションの心得とは?

　近年、実施されることが多いグループディスカッション。特に一次面接で行われることが多いので、グループディスカッションを突破しなければ、面接へは進めないのです！　次へのステップを勝ち取るための、ディスカッションの心得を伝授します。

ポイント ① 自分に合った役割をしっかり果たすべし

　ディスカッションで大事なことは、普段の友人間などでのポジションと同じ役割につくこと。リーダー、周りをサポートするタイプなど、普段通りの役割が力を発揮できます。司会進行役が評価を得るわけではないので要注意。

ポイント ② 発言回数は多く！　傍観者にならないこと

　グループディスカッションでは発言回数もチェックされています。発言しなければ、話し合いに参加していることにならず、評価は低くなります。自分が知らないテーマでも分かる範囲で発言して、傍観者にならないように。

ポイント ③ 事前にグループディスカッションの練習を！

　多くの就活生は、これまでにディスカッションの経験がないはず。グループディスカッションの流れを把握したり、感触をつかんでおくことはとても大切です。就職部の人や友人たちと、必ず練習をしておくようにしましょう。

ポイント ④ 自分の意見に自信を持って話そう

　業界に特化した内容や難しい時事問題など、自分があまり知らないテーマが出題された場合、発言回数は減ってしまうもの。しかし、どんな場合でも、できるだけ自分の経験と結びつけて、自信を持って発言することが大切です。

ポイント ⑤ 事前にできる限り知識を身につけておくこと

　どんなテーマでも自信を持って話すことが大切であるとはいえ、ある程度の知識がないとなかなか発言しにくいもの。新聞、ニュースに目を通す、また、自分が志望する業界についても詳しく調べておくことが必要です。

おわりに

　本書では、面接での心得や、出題されることが多い質問について解説してきました。最後に、就活生の皆さんに伝えたいことは、「就職したい！」という気持ちがあるならば、決してあきらめないことです。

　エントリーシートや面接がなかなか通過しない時期もあるでしょう。そんなときに多くの就活生は、「自分は特別な経験をしていないから面接に通らない」と考えたり、「自分は魅力的な人間ではない」と自分を否定してしまうようです。しかし、決してそうではありません。エントリーシートや面接という限られたスペースや時間で、自分がどのような人間であるかを理解してもらうことができなかったというだけです。

　就職活動では「100％の気持ちで取り組む」姿勢を持つことが大切です。中途半端な気持ちで取り組んでいると、思い通りの結果が出なかったときに「もっと、こうしていればよかった」と後悔することになりかねません。新卒採用は、人生における数少ないチャンス。そのチャンスを生かして、自分の希望する仕事に就くためには、常に自分を振り返り、改善点を見つけるように努力を積み重ねることです。そうすることで、必ず納得のいく結果に結びつくはずです。

　そして、就職活動では、常に「なぜ」と考えることを心がけてほしいと思います。「なぜ」と考えれば、自分の考えや行動の本質的な意味を理解することができます。自分への理解を深めることによって、どんな場でも責任ある発言や行動ができるようになるのです。

　本書を読んでくれた皆さんが、納得のいく就職活動を進められることを願っています。

才木弓加

【著者紹介】才木弓加（さいき　ゆか）

大学で非常勤講師を務めるかたわら、自ら就職塾「才木塾」を主宰し、直接学生への指導にあたる。長年のキャリアに基づいた独自の指導方法は、徹底した自己分析を行うのが特徴。最新の就活トレンドに適応したオンライン就活の指導も行っている。著書に『内定獲得のメソッド　面接担当者の質問の意図』、『内定獲得のメソッド　面接　自己PR 志望動機』（以上、マイナビ出版オフィシャル就活 BOOK シリーズ）『就活　自己分析の「正解」がわかる本』（実務教育出版）、『サプライズ内定　なぜ彼らは大手企業に内定できたのか！』（角川マガジンズ）などがある。YouTube のマイナビ就活チャンネルでも動画を配信している。

https://www.youtube.com/channel/UCINp43IZKmeCyDdwvgesJHg

編　集　　野々山幸・有竹亮介（有限会社 verb）

カバーデザイン　掛川竜

本文デザイン　タクトシステム株式会社

内定獲得のメソッド
面接担当者の質問の意図
· ·

著　者　　才木弓加

発行者　　角竹輝紀

発行所　　株式会社マイナビ出版

　　　　　〒 101-0003
　　　　　東京都千代田区一ツ橋 2-6-3 一ツ橋ビル 2F
　　　　　電話　0480-38-6872（注文専用ダイヤル）
　　　　　　　　03-3556-2731（販売部）
　　　　　　　　03-3556-2735（編集部）
　　　　　URL　https://book.mynavi.jp

印刷・製本　中央精版印刷株式会社